ㄱ

가게 기둥에 입춘

보잘것없는 가겟집 기둥에 '입춘대길(立春大吉)' 이라고 써서 붙인다는 뜻으로, 격에 어울리지 않음을 이른다.

비 사모에 갓끈이다

• 입춘대길 : 입춘(24절기의 첫째로 양력 2월 4일경)을 맞이하여 운이 좋기를 기원하는 글.

가까운 남이 먼 일가보다 낫다

가까이 사는 이웃끼리 친하게 지내다 보면 먼 데 사는 일가친척보다 더 친해짐을 이름.

비 먼 사촌보다 가까운 이웃이 낫다

▶ A near friend[neighbor] is better than a far-dwelling kinsman.

★kinsman_친척(특히 남자). 여자 친척은 kinswoman

가까운 무당보다 먼 데 무당이 영하다

사람은 자신이 잘 알고 가까운 데 있는 것보다는 잘 모르고 먼 데 있는 것이 더 좋은 줄 안다는 말.

▶ Respect is greater from distance.

가난 구제는 나라님도 못한다

가난한 사람을 도와주기란 끝이 없는 일이어서, 개인은 물론 나라의 힘으로도 감당하기 어렵다는 말.

비 가난은 나라(님)도 못 당한다

가난이 원수

가난한 탓에 억울한 일이나 고통을 당해, 가난이 원수처럼 느껴진다는 말.

비 가난이 우환(북한 속담)

가난한 집 제사 돌아오듯

가난한 집에 제삿날이 많아서 제사를 치르느라 큰 어려움을 겪는다는 뜻으로, 힘든 일이 자주 닥쳐옴을 이름. =빈즉다사(貧則多事)

가는 날이 장날

일을 보러 가니 때마침 장이 서는 날이라는 뜻으로, 어떤 일을 하려고 하는데 생각지 않았거나 뜻하지 않은 일을 우연히 당하게 된다는 말.

가는 말에 채찍질

①부지런히 하고 있는데도 더 빨리 하라고 독촉함. ②형편이 한창 좋을 때라도 더욱 노력해야 함을 이름. =주마가편(走馬加鞭)

가는 말이 고와야 오는 말이 곱다

자기가 다른 사람에게 잘 대해야 남도 자기에게 잘 한다는 말.

비 가는 떡이 커야 오는 떡이 크다

ㄱ

가는 방망이 오는 홍두깨

①자기가 한 일보다 더 가혹한 갚음을 받게 됨.
②남을 해치려고 하다가 도리어 자신이 더 큰 화를 입게 되는 경우.

비 되로 주고 말로 받는다.

• 홍두깨 : 다듬잇감을 감아서 다듬이질하는 데 쓰는 도구.

가랑니가 더 문다

하찮고 시시한 것이 더 괴롭히거나 애를 먹임.

• 가랑니 : 서캐에서 나온 지 얼마 안 되는 새끼 이.

가랑비에 옷 젖는 줄 모른다

가늘게 내리는 비를 맞게 되면 여간해서는 옷이 젖는 줄 깨닫지 못한다는 뜻으로, 대수롭지 않은 것도 자꾸 거듭되면 무시하지 못할 정도로 커짐을 이름.

비 낙숫물이 댓돌을 뚫는다

➡ Constant dropping wears away a stonc.
★constant_끊임없이 계속되는

가랑잎에 떨어진 좁쌀알 찾기

수북이 쌓인 가랑잎 속에 떨어진 좁쌀알을 찾기 매우 어려운 데서, 찾아내기가 매우 어려움을 이르는 북한 속담.

• 가랑잎 : 활엽수의 마른 잎. 갈잎

가랑잎에 불붙듯

가랑잎에 불을 지르면 걷잡을 수 없이 타들어 간다는 뜻으로, 성미가 조급하고 도량이 좁아 화를 잘 낸다는 말.

가랑잎이 솔잎더러 바스락거린다고 한다

바스락거리는 소리가 요란한 가랑잎이 오히려 솔잎의 시끄러움을 탓한다는 뜻으로, 자기 허물은 생각하지 않고 남의 허물을 나무란다는 말.

비 겨울바람이 봄바람보고 춥다고 한다

비 똥 묻은 개가 겨 묻은 개 나무란다

비 뒷간 기둥이 물방앗간 기둥을 더럽다 한다

• 솔잎 : 소나무의 잎. 송엽(松葉)

➡ The pot calls the kettle black.

가루는 칠수록 고와지고 말은 할수록 거칠어진다

말이 길어지면 시비가 붙을 수 있고, 나중에는 다툼으로까지 이어질 수 있으니 경계하라는 말.

가마솥에 든 고기

꼼짝없이 죽게 된 신세를 뜻함.

비 독 안에 든 쥐

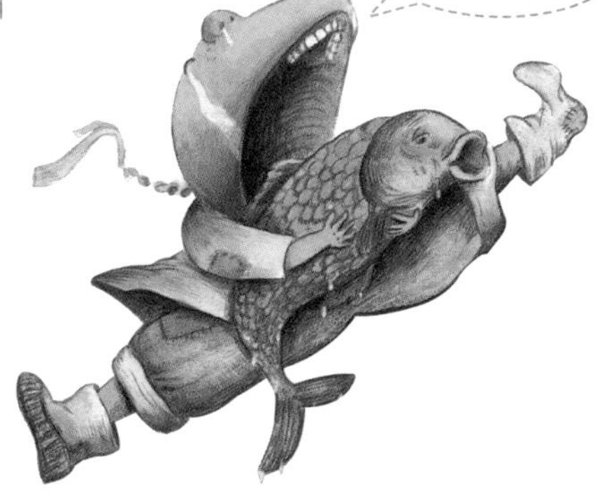

가물에 콩 나듯

가뭄에는 콩을 심어도 제대로 싹이 트지 못해 드문드문 난다는 뜻으로, 어떤 일이나 물건이 드문드문 있는 모양을 이름.

가시에 찔리지 않고 밤 먹을 사람

밤송이의 가시에 찔리지 않고 밤을 먹을 사람, 즉 매우 약은 사람을 일컫는 북한 속담.

가을에는 부지깽이도 덤벙인다

농촌에서 가을걷이를 할 무렵에는 일이 많으므로 어른 아이 할 것 없이 일을 거들게 됨을 이르는 말.

비 가을철에는 죽은 송장도 꿈지럭한다.

가을 중 싸대듯

곡식이 넉넉한 가을에 시주를 조금이라도 더 하기 위해 중이 바쁘게 돌아다닌다는 뜻으로, 여기저기 바쁘게 돌아다니는 모양을 이름.

가자니 태산이요, 돌아서자니 숭산이라

앞에도 뒤에도 높은 산이 있다는 뜻으로, 이러지도 저러지도 못하는 난처한 경우를 이름.

비 사면초가(四面楚歌)

- 태산 : 중국 산둥 성에 자리한 높은 산. 타이산 산.
- 숭산 : 중국 허난 성에 자리한 높은 산. 쑹산 산.

가재는 게 편

형편이 비슷하고 인연이 있는 것끼리 잘 어울리고 사정을 보아준다는 말.

비 가재는 게 편이요 초록은 한빛이라

가지 나무에 목을 맨다

서러움이 너무 커서 목맬 나무의 크고 작음도 가리지 않는다는 뜻으로, 이것저것 가릴 처지가 아님을 이름.

비 가시나무에 목을 맨다(북한 속담)

▶신사임당의 초충도
8폭 병풍 중 가지와 벌, 나비, 개미, 사마귀 등을 그린 그림이다. 가지는 초본(풀) 식물이지만 위 속담에서는 '나무'로 표현하여 의미를 살렸다.

가지 많은 나무에 바람 잘 날이 없다

가지 많은 나무는 살랑대는 바람에도 잎이 흔들려서 잠시도 조용한 날이 없다는 뜻으로, 자식이 많은 부모에게는 걱정이 끊이지 않는다는 말.

간다 간다 하면서 아이 셋 낳고 간다

①그만둔다고 말은 하면서도 정작 그만두지 못하고 질질 끄는 경우를 이름.
②어떤 일을 하겠다고 말만 할 뿐 실행하지 못한다는 말.

간에 붙었다 쓸개[염통]에 붙었다 한다

자신에게 이로운 쪽을 따져서 지조 없이 이편에 붙었다 저편에 붙었다 함을 이름.

갈수록 태산

갈수록 더 어려운 상황에 처하게 됨을 이름.

비 산 넘어 산이다

➡ Out of the frying pan into the fire.

감꼬치 빼 먹듯

벌지는 못하고 있는 재물만 야금야금 축내어 간다는 말.

감나무 밑에 누워도 삿갓 미사리를 대어라

저절로 떨어지는 감을 먹으려 해도 삿갓 미사리를 입에 대고 있어야 그것을 받을 수 있다는 뜻으로, 유리한 입장에 있더라도 그것을 놓치지 않으려는 노력이 필요함을 이름.

- 미사리 : 삿갓 · 방갓 · 전모 등의 밑에 대어 머리에 쓰게 된 둥근 테두리.

값싼 비지떡

값이 싼 물건치고 좋은 물건이 없다는 말.

비 싼 것이 갈치자반

갓 쓰고 자전거 탄다

전혀 어울리지 않게 차려입은 것을 놀리는 말.

비 갓 쓰고 구두 신기

강물도 쓰면 준다

아무리 많은 강물이라도 쓰면 줄어든다는 뜻. 무엇이든지 헤프게 쓰지 말고 아껴 쓰라는 말.

강아지 똥은 똥이 아닌가

약간의 차이는 있을지 모르지만 본질은 모두 같음.

같은 값이면 다홍치마

같은 값이거나 같은 노력으로 이룰 수 있다면 질이 좋은 것을 택한다는 말. =동가홍상(同價紅裳)

• 다홍치마 : 다홍빛(노랑이 약간 섞인 빨강) 치마.

개가 똥을 마다할까

틀림없이 좋아하는 것인데도 싫다고 거절할 때 이를 비꼬는 말.

비 고양이가 쥐를 마다한다

개같이 벌어서 정승같이 산다

천한 일을 해서 돈을 벌었더라도 쓸 때는 떳떳하고 보람 있게 쓴다는 말.

개구리도 옴쳐야 뛴다

잘 뛰는 개구리도 뛰기 전에 옴츠려야 수월하다는 뜻으로, 아무리 급한 일이라도 일을 이루려면 준비할 시간이 있어야 한다는 말.

▶ We sink to rise.

개구리 올챙이 적 생각 못한다

형편이 나아진 사람이 어렵던 때를 생각지 않고 처음부터 잘난 척하며 뽐냄을 이름.

개 꼬리 삼 년 묵어도 황모 되지 않는다

본바탕이 좋지 않은 것은 어떻게 하여도 좋아지지 않는다는 말.

• 황모 : 족제비의 꼬리털. 붓을 만드는 데 씀.

개 눈에는 똥만 보인다

어떤 것을 좋아하거나 관심을 가지게 되면 모든 것이 바로 그 어떤 것처럼 보임을 놀림조로 말할 때 씀.

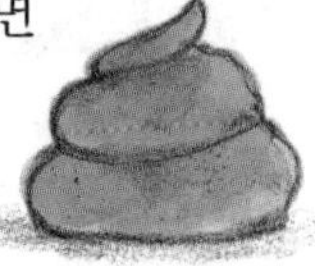

개도 나갈 구멍을 보고 쫓아라

①상대를 심하게 몰아칠 때는 궁지에서 빠져나갈 여지를 주어야 한다는 말.
②어떤 일을 남에게 조금 무리하게 시키더라도 그의 능력을 잘 살려서 해야 한다는 말.

개도 주인을 알아본다

짐승인 개도 자기를 보살펴 주는 주인은 안다는 뜻으로, 배은망덕한 사람을 비꼬는 말.

개똥도 약에 쓰려면 없다

평소에는 흔하던 것도 간절하게 찾으면 없다는 말.

비 까마귀 똥도 약에 쓰려면 오백 냥이라

개 머루 먹듯

①속 내용도 모르면서 아는 체한다는 말.

②일의 내용이 맞건 틀리건 간에 일을 건성건성 날려서 한다는 말.

• 머루 : 산이나 들에 자라는 포도의 한 가시. 일이 작음.

개미 금탑 모으듯

조금씩 조금씩 알뜰하게 재물을 모아 간다는 말.

개밥에 도토리

개밥에 도토리가 있어도 개는 그것을 먹지 않고 남긴다는 뜻으로, 따돌림을 받아 어디서도 어울리지 못하는 사람을 이름.

개살구도 맛 들일 탓

개살구도 자꾸 먹게 되면 그 맛을 좋아하게 된다는 뜻으로, 처음에는 나빠 보이던 것이 정이 붙어 점점 좋아진다는 말.

• 개살구 : 개살구나무의 열매로 맛이 시고 떫음.

개천에서 용 난다

변변하지 못한 집안에서 훌륭한 인물이 나는 경우를 이름.

• 개천 : 시내보다는 크고 강보다는 작은 물줄기.

개 팔자가 상팔자

①일이 이리저리 바쁘거나 고생스러울 때 하는 말.
②자신의 신세를 탓하며 넋두리로 하는 말.

개 핥은 죽사발 같다

①남긴 것이 없이 깨끗함을 이르는 말.
②지나치게 인색해서 다른 사람이 조금도 얻어 갈 것이 없음.
③남자 얼굴이 미끈함을 얕보는 말.

거미도 줄을 쳐야 벌레를 잡는다

무슨 일이든지 그 일에 대한 준비가 있어야 좋은 결과를 얻을 수 있다는 말.

비 잎거미도 줄을 쳐야 벌레를 잡는다

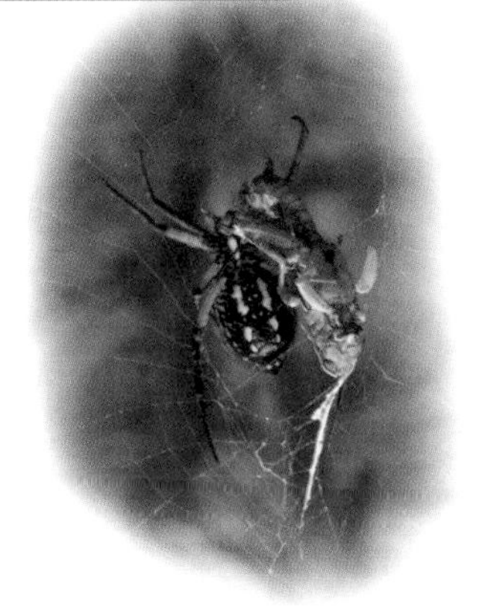

거지 옷 해 입힌 셈 친다

①어떠한 대가나 보답도 바라지 않고 자비를 베풂. ②뜻하지 않은 손해를 보았을 때 자기 위안 삼아 하는 말.

걱정도 팔자

쓸데없는 걱정을 자꾸 하거나 관계없는 남의 일에 참견하는 사람을 비웃는 말.

걷기도 전에 뛰려고 한다

쉽고 작은 일도 해내지 못하면서 어렵고 큰일을 하려고 나선다는 말.

비 기기도 전에 날기부터 하려 한다

비 털도 아니 난 것이 날기부터 하려 한다

검은 머리 가진 짐승은 구제 말란다

사람은 도와줄 필요가 없다는 뜻으로, 사람이 은혜를 갚지 않을 때 핀잔하는 말.

• 검은 머리 가진 짐승 : 사람을 이름.

검은 머리 파뿌리 되도록

까맣던 머리가 늙어서 파뿌리처럼 하얗게 셀 때까지 오래오래.

★결혼식 때 주례나 하객들이 신랑 신부에게 이 속담을 많이 건넨다.

겉 다르고 속 다르다

겉으로 드러나는 행동과 마음속으로 품고 있는 생각이 일치하지 않음을 이름.

➡ Never judge by appearances.
➡ Appearances are deceitful.

겨울을 지내 보아야 봄 그리운 줄 안다

어려운 고비를 겪어 보아야 삶의 참된 가치를 알 수 있게 됨을 이름.

고기는 씹어야 맛이요, 말은 해야 맛이라

고기의 참맛을 알려면 자꾸 씹어야 하듯이, 하고 싶은 말은 속 시원히 다 해 버려야 좋다는 말.

ㄱ

고기도 저 놀던 물이 좋다

평소에 익숙한 제 고향이나 친숙한 환경이 좋음을 이르는 말.

고래 싸움에 새우 등 터진다

남의 싸움에 아무 관계없는 약한 사람이 중간에서 피해를 입게 됨을 이름.

고생 끝에 낙이 온다[있다]

어렵고 괴로운 일을 겪고 나면 즐겁고 좋은 일도 생긴다는 말. =고진감래(苦盡甘來)

비 태산을 넘으면 평지를 본다

- No cross, no crown.
- After a storm comes a calm.
- No reward without toil.

고슴도치도 제 새끼는 함함하다고 한다

①털이 바늘 같은 고슴도치도 제 새끼의 털이 부드럽다고 말한다는 뜻으로, 자기 자식의 나쁜 점은 모

르고 도리어 자랑으로 삼는다는 말.
②부모의 눈에는 제 자식이 다 잘나 보인다는 말.

➡ The owl thinks her own young fairest.

고양이 개 보듯

고양이와 개처럼 사이가 매우 나빠서 서로 해칠 기회만 찾는다는 말.

고양이 목에 방울 달기

쥐들이 모여 고양이 목에 방울을 달자고 이야기한다는 뜻으로, 말로 실행하기 어려운 것을 공연히 의논한다는 말.

고양이 세수하듯

①콧등에 물만 묻히는 정도로 세수하는 흉내만 냄.
②남이 하는 것을 흉내만 내고 그만두는 것을 이름.

고양이 쥐 생각

속으로는 잡아먹으려는 생각을 품고 있으면서, 겉으로는 위해 주는 척을 한다는 말.

고양이한테 생선을 맡기다

고양이가 생선을 먹을 것이 뻔한 상황에서 고양이에게 생선을 맡긴다는 뜻으로, 믿을 수 없는 사람에게 소중한 물건을 맡겨 놓고 걱정한다는 말.

비 고양이보고 반찬 가게 지키라는 격

고운 사람 미운 데 없고 미운 사람 고운 데 없다

사람을 한번 좋게 보면 그가 하는 일이 다 좋게만 보이고, 한번 밉게 보면 그가 하는 일이 다 밉게만 보인다는 말.

➡ Love is blind.

곪으면 터지는 법

상처가 곪으면 마침내는 터지고 만다는 뜻으로, 갈등이 쌓이게 되면 언젠가는 폭발하게 됨을 이름.

곰 가재 뒤듯[잡듯]

둔한 곰이 돌을 뒤지며 가재를 잡는다는 말로, 서두르지 않고 느릿느릿 행동함을 이름.

공것 바라면 이마[대머리]가 벗어진다

공짜 좋아하는 사람을 놀리는 말.

공든 탑이 무너지랴

정성을 다해 쌓은 탑은 무너질 리가 없다는 뜻으로,
온 힘을 다해 한 일은 그 결과가
헛되지 않으며 보람이 있음을
이르는 말.

과부 집에 가서 바깥양반 찾기

그 사람이나 물건이 있을 수 없는 엉뚱한 곳에 가서
그것을 찾는 경우를 이름.

비 절에 가서 젓국 달라 한다

광대 끈 떨어졌다

①광대가 연기를 하는데 탈의 끈이 떨어졌다는 뜻으로, 의지할 곳이 없어 꼼짝 못하게 된 경우를 이름. ②제구실을 다 하지 못해 아무짝에도 쓸모없게 되었다는 말.

광에서 인심 난다

자기의 살림이 넉넉해야 남을 동정하게 된다는 말.

구관이 명관이다

무슨 일이든 경험이 많은 사람이 더 잘한다는 말.

• 구관 : 이전에 임무를 수행했던 벼슬아치. ↔신관

구더기 무서워 장 못 담글까

방해되는 것이 있을지라도 할 일은 해야 한다는 말.

비 장마가 무서워 호박을 못 심겠다

구렁이 담 넘어가듯

일을 분명하게 처리하지 않고 슬그머니 얼버무릴

때 쓰는 말.

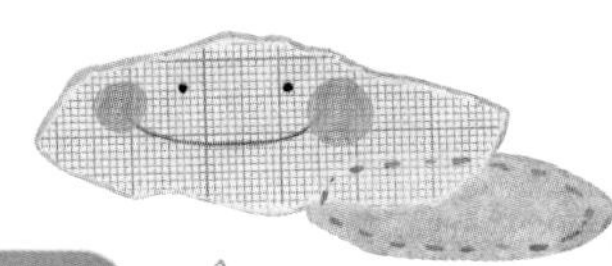

구름이 자주 끼면 비가 온다

어떠한 징조가 있으면 그에 따르는
결과가 있게 마련이라는 말.

구멍 보아 가며 말뚝[쐐기] 깎는다

무슨 일이든 형편을 보아 가면서 거기에 알맞게 일을 해야 한다는 말.

구멍은 깎을수록 커진다

잘못을 변명하면 할수록 더욱 일이 커지고 어려워진다는 말.

구슬이 서 말이라도 꿰어야 보배라

아무리 좋은 것이라도 그것을 다듬고 정리해
쓸모 있게 만들어 놓아야 값어치가 있다는 말.

비 진주가 열 그릇이나 꿰어야 구슬

구운 게도 다리를 떼고 먹는다

아무리 구운 게라도 혹시 물지도 모르므로 다리를 떼고 먹는다는 뜻으로, 틀림없을 듯하더라도 만일의 경우를 생각하여 세심한 주의를 기울여야 함을 이르는 말.

구제할 것은 없어도 도둑 줄 것은 있다

①아무리 가난한 집이라도 도둑맞을 물건은 있다는 말.
②남을 구제할 생각만 있다면 조금이라도 도와줄 것은 있다는 말.

국수 먹은 배

①국수를 먹으면 그때는 배가 부르지만 금세 꺼지고 만다는 뜻으로, 먹은 음식이 쉽게 꺼질 때 쓰는 말.
②실속 없고 헤픈 경우를 이르는 말.

군작이 어찌 대붕의 뜻을 알랴

군작(참새 떼)이 어찌 대붕의 뜻을 알 수 있겠느냐는 뜻으로, 평범한 사람이 큰 인물의 뜻을 헤아려 알기는 어려움을 이름.

• 대붕(大鵬) : 하루에 9만 리를 날아간다는, 매우 큰 상상의 새. 붕새

굴러 온 돌이 박힌 돌 뺀다

외부에서 들어온 사람이 오래전부터 있던 사람을 내쫓으려 한다는 말.

비 굴러 온 돌한테 발등 다친다

굼벵이도 구르는 재주가 있다

아무리 못나고 보잘것없는 사람이라도 한 가지 재주는 있음을 이름.

굿 못하는 무당 장구 타박한다

자신의 능력이 모자라는 것은 생각지 않고 가지고 있는 조건만 탓한다는 말.

비 글 못한 놈 붓 고른다

비 글 잘 못 쓰는 사람은 붓 타박을 하고 농사지을 줄 모르는 사람은 밭 타박을 한다

• 굿 : 무당이 노래하고 춤추며 귀신에게 치성을 드리는 의식.

굿이나 보고 떡이나 먹지

남의 일에 쓸데없는 간섭을 하지 말고 되어 가는 형편을 잘 보고 있다가 이익이나 얻으라는 말.

▲혜원 신윤복이 그린 〈무당춤〉

궁둥이에서 (비파) 소리가 난다

아주 바쁘고 분주하게 돌아다녀서 조금도 앉아 있을 겨를이 없다는 말.

궁지에 빠진 쥐가 고양이를 문다

막다른 지경에 이르면 약한 자도 마지막 힘을 다하여 반항한다는 말.

비 궁한 새가 사람을 쫓는다

귀머거리 삼 년이요 벙어리 삼 년이라

여자는 시집가서 처음 얼마간은 남의 말을 듣고도 못 들은 체하고, 하고 싶은 말이 있어도 하지 말아야 한다는 뜻으로, 시집살이의 어려움을 이르는 말.

귀신 씻나락 까먹는 소리

①분명하지 않게 우물우물 말하는 소리.
②이치에 맞지 않는 엉뚱한 말.

• 씻나락 : 볍씨의 사투리

귀신이 곡할 노릇이다

하도 신기하고 기묘하여 그 속내를 알 수 없을 때 하는 말.

• 곡하다 : 사람이 죽었을 때나 제사 때에 소리를 내어 울다.

귀에 걸면 귀걸이 코에 걸면 코걸이

둘러대기에 따라 이렇게도 되고 저렇게도 될 수 있다는 말. =이현령비현령(耳縣鈴鼻縣鈴)

그 나물에 그 밥

격이 잘 어울리는 것끼리 짝이 되었을 경우를 이름.

그물에 든 고기요 쏘아 놓은 범이라

이미 잡힌 몸이 되어 옴짝달싹 못하게 됨을 이름.

비 도마에 오른 고기

긁어 부스럼

쓸데없는 일을 하여 공연히 걱정을 일으킨다는 말.

비 울려서 아이 뺨 치기

➡ Wake not a sleeping lion.
➡ Let sleeping dogs lie.

금강산도 식후경

아무리 재미있는 일도 배가 불러야 흥이 난다는 말.

비 꽃구경도 식후사(食後事)

➡ Pudding rather than praise.

▲ 〈단발령에서 바라본 금강산〉 겸재 정선 그림

금이야 옥이야

보석을 대할 때처럼 귀중히 여기는 모양.

급하기는 우물에 가서 숭늉 달라겠다

성격이 매우 급해 일의 순서를 생각하지 못하고 조급해 하기만 한다는 말.

급하면 바늘허리에 실 매어 쓸까

일에는 순서가 있는 법이므로, 아무리 급한 일이라도 순서를 밟아서 해야 함을 이름.

비 급하다고 갓 쓰고 똥 싸랴

급히 먹는 밥이 목이 멘다

너무 급하게 서둘러 일을 하게 되면 오히려 실패하기 쉬움을 이르는 말.

기생의 자릿저고리

기름때가 묻고 분 냄새가 나는 더러워진 기생의 자릿저고리처럼 외모가 단정하지 못하고 말씨가 간사

스러운 사람을 이름.

• 자릿저고리 : 밤에 잘 때 입는 저고리

기와 한 장 아끼다가 대들보 썩힌다

작은 것을 아끼려다 오히려 큰 손해를 보게 됨.

비 한 푼 아끼다 백 냥 잃는다

길고 짧은 것은 대어[재어] 보아야 안다

이기고 지고, 잘하고 못하는 것은 실제로 겨루어 보아야 알 수 있다는 말.

길로 가라니까 뫼로 간다

①어떤 일을 편하게 할 수 있는 방법을 가르쳐 주었는데도 굳이 자기 고집대로만 함.
②윗사람의 명령이나 타인의 충고를 흘려들음.

길이 아니거든 가지 말고 말이 아니거든 듣지 말라

언행을 소홀히 해서는 안 되며, 올바른 일이 아니거

든 아예 처음부터 하지 말라는 말.

까마귀 고기를 먹었나

잘 잊어버리는 사람을 놀리는 말.

까마귀 날자 배 떨어진다

아무 관계 없이 한 일인데 공교롭게 때가 맞아떨어져 어떤 관계가 있는 것처럼 의심을 받게 됨을 이르는 말. =오비이락(烏飛梨落)

꼬리가 길면 밟힌다

나쁜 일을 계속 반복해서 하면 언젠가는 들키고 만다는 말.

➡ The pitcher goes (once too) often to the well but is broken at last.

꼴을 베어 신을 삼겠다

은혜를 잊지 않고 보답하겠다는 말. =결초보은(結草報恩)

• 꼴 : 말이나 소에게 먹이는 풀.

꿋꿋하기는 서서 똥 누겠다

고집이 너무 세어 남의 의견을 받아들일 생각이 조금도 없는 융통성 없는 사람을 이름.

꽁지 빠진 새[수탉] 같다

모습이 초라하여 볼품이 없고
위신이 없어 보인다는 말.

꽃이 좋아야 나비가 모인다

①상품이 좋아야 손님이 많이 찾아온다는 말.
②자신이 완전해야 좋은 상대를 만날 수 있다는 말.

꾸어다 놓은 보릿자루[빗자루]

여럿이 모여 즐겁게 이야기하는 가운데 아무 말도 하지 않고 가만히 있는 사람을 이름.

꿀도 약이라면 쓰다

자기에게 이로운 말은 듣기 싫어하는 것이 예사라라는 말.

꿀 먹은 벙어리

마음속의 생각을 표현하지 못하는 사람을 이름.

➡ A cat got one's tongue.

꿈보다 해몽이 좋다

좋지 않은 일인데도 그럴듯하게 꾸며서 유리하게 풀이함을 이르는 말.

꿈에 본 돈이다

꿈에서 본 돈을 현실에서 가질 수 없듯, 아무리 좋다고 해도 손에 넣을 수 없음을 이르는 말.

꿈에 서방 맞은 격

①욕심을 다 채우지 못해 서운함.
②불분명한 존재를 이름.

비 꿈에 떡 맛보듯

꿈자리가 사납더니

어떤 일이 뜻대로 되지 않고 방해되는 것이 끼어들었을 때 하는 말.

장끼(수꿩)

꿩 구워 먹은 소식

소식이 아주 없음을 이름.

꿩 대신 닭

꼭 맞아떨어지는 것이 없을 때 비슷한 것으로 대신하는 경우를 이름.

꿩 먹고 알 먹기

한 가지 일로 두 가지 이상의 이익을 보게 됨을 이르는 말.

비 굿 보고 떡 먹기 비 일석이조(一石二鳥)

➡ To kill two birds with one stone.

핵심정리
속담 뱅크
ㄴ

ㄴ

나간 놈의 몫은 있어도 자는 놈의 몫은 없다

게으른 사람은 혜택을 받을 수 없다는 말.

나갔던 며느리 효도한다

집을 나갔다 들어온 며느리가 정성을 다해 어버이를 모신다는 뜻으로, 처음에 좋지 않게 생각했던 사람이 뜻밖에 잘하는 경우를 이름.

나그네 보내고 점심 한다

①인색한 사람이 말로만 대접하는 체한다는 말.
②일을 알맞은 때에 하지 못함을 이름.

나그네 주인 쫓는 격

하루 묵으러 온 나그네가 집주인을 쫓는다는 말로 주객(主客)이 전도되었을 경우를 이름.

나는 바담 풍(風) 해도 너는 바람 풍 해라

자신은 그르게 행동하면서도 남에게는 잘하라고 요

구할 때 쓰는 말. 옛날 어느 서당에서 훈장님이 '바람 풍(風)' 자를 가르치는데 혀가 짧아서 '바담 풍' 으로 발음하니 학생들도 '바담 풍' 으로 외운 데서 나온 말.

나는 새도 깃을 쳐야 날아간다

①무슨 일이든지 순서를 밟아 나가야 목적을 이룰 수 있음.
②아무리 재능이 많아도 노력이 없이는 그 재능을 발휘할 수 없음을 이르는 말.

나는 새도 떨어뜨린다

권세가 등등하여 모든 일을 내키는 대로 할 수 있는 상태를 이름.

나 먹자니 싫고 개 주자니 아깝다

자기에게 소용이 없는데도 남에게 주기는 싫은 마음을 이르는 말.

비 나그네 먹던 김칫국도 먹자니 더럽고 남 주자니 아깝다
비 쉰밥 고양이 주기 아깝다

ㄴ

나무도 쓸 만한 것이 먼저 베인다

①능력 있는 사람이 먼저 뽑혀 쓰임.
②쓸모 있는 사람이 일찍 죽음을 이르는 말.

비 곧은 나무 쉬[먼저] 꺾인다

나무를 보고 숲을 보지 못한다

부분만 보고 전체는 보지 못한다는 말.

➡ He can't see the forest for the trees.

나무에 오르라 하고 흔드는 격

남을 꾀어내 불행한 처지에 빠뜨림.

나무에 잘 오르는 놈이 떨어져 죽고 헤엄 잘 치는 놈이 빠져 죽는다

사람은 흔히 자기가 지닌 재주 때문에 실수하게 됨을 이름.

비 잘 헤는 놈 빠져 죽고 잘 오르는 놈 떨어져 죽는다

➡ Good swimmers are at length drowned.

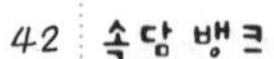

나쁜 소문은 빨리 퍼진다

나쁜 일일수록 세상에 금세 알려진다는 말.

➡ Ill news runs apace.

나이 젊은 딸이 먼저 시집간다

①나이가 적은 사람이 시집가기 쉬움.
②젊은 사람이 사회에 잘 쓰인다는 말.

나중 난 뿔이 우뚝하다

①나중에 생긴 것이 먼저 있던 것보다 훨씬 나음.
②후배가 선배보다 더 훌륭하게 되었음을 이르는 말. =후생가외(後生可畏)

비 먼저 난 머리보다 나중 난 뿔이 무섭다

나중에 보자는 양반 무섭지 않다

①일이 일어난 직후에 화풀이를 하지 못하고 나중에 두고 보자고 말하는 사람은 두려울 것이 없음.
②나중에 어떻게 하겠다고 말로만 하는 것은 아무 소용이 없다는 말.

ㄴ

나중에야 삼수갑산을 갈지라도

최악의 경우를 각오하고 어떤 일에 임한다는 말.

• 삼수갑산(三水甲山) : 우리나라에서 가장 험한 산골이라 불리던 삼수와 갑산을 이름.

나한에도 모래 먹는 나한이 있다

나한 중에도 공양을 받지 못해 모래 먹는 나한이 있음을 뜻하는 말로, 높은 지위에 있더라도 고생하는 사람이 있다는 말.

• 나한 : 여래의 열 가지 칭호 중 하나인 아라한의 준말.

낙숫물이 댓돌을 뚫는다

꾸준히 노력한다면 작은 힘으로도 큰일을 이룰 수 있다는 말.

• 낙숫물 : 처마 끝에서 떨어지는 물.

➡ Constant dropping wears away a stone.

난봉자식이 마음잡아야 사흘이다

옳지 못한 일에 빠진 사람은 좀처럼 그 일에서 헤어나기 어렵다는 말.

난쟁이 교자꾼 참여하듯

감당할 수 없는 일에 주제넘게 나선다는 말.

• 교자꾼 : 가마를 메는 사람.

날개 부러진 매

위세를 부리다가 치명적인 타격을 받고 힘을 잃게 된 사람을 이름.

비 허리 부러진 장수

날개 없는 봉황

아무 데도 쓸모없게 된 처지를 이름.

비 구슬 없는 용
비 줄 없는 거문고

날면 기는 것이 능하지 못하다

여러 가지 일을 모두 잘하기는 어렵다는 말.

▲민화 속 봉황

ㄴ

날 받아 놓은 색시 같다

나다니지 않고 집에만 가만히 있는 사람을 이름.

• 날 : 날짜의 준말. 여기서는 결혼식 날짜를 이름.

남의 눈에 눈물 내면 제 눈에는 피눈물이 난다

남에게 모질고 악한 짓을 하면 자기는 그보다 더한 벌을 받게 된다는 말.

비 남의 눈에서 피 내리면 내 눈에서 고름이 나야 한다

남의 다리 긁는다

①자기를 위하여 한 일이 남을 위한 일이 됨.
②남의 일을 제 일로 알고 수고함.

남의 떡에 설 쇤다

남의 덕에 일을 쉽게 이루게 되었을 때 쓰임.

비 남의 떡으로 조상 제 지낸다 비 남의 불에 게 잡는다

남의 말 하기는 식은 죽 먹기

남의 잘못을 들추어내는 것은 아주 쉽다는 말.

ㄴ

남의 손의 떡이 더 커 보이고 남이 잡은 일감이 더 헐어 보인다

남의 것이 자신의 것보다 더 좋아 보이고, 남의 일이 자신의 일보다 더 쉬워 보인다는 뜻.

비 남의 밥에 든 콩이 굵어 보인다

The grass is always greener on the other side of the fence.

남의 잔치에 감 놓아라 배 놓아라 한다

남의 잔치에 괜한 참견을 한다는 말.

남의 장단에 춤춘다

주관 없이 남이 하는 대로 덩달아 행동함을 이름.

• 장단 : 곡조의 빠르고 느림. 또는, 그 빠르고 느림을 나타내는 박자.

남의 흉이 한 가지면 제 흉은 열 가지

자기의 흉은 생각지 않고 남의 흉만 들춰낸다는 뜻으로, 쓸데없이 남의 흉을 보지 말라는 말.

남이야 전봇대로 이를 쑤시건 말건

남이야 무슨 짓을 하든 참견하지 말고 제 일이나 열심히 하라는 말.

비 남이야 낮잠을 자든 말든

남자는 이레 굶으면 죽고 여자는 열흘 굶으면 죽는다

어려운 상황에 처했을 때, 여자가 남자보다 더 잘 견뎌낼 수 있다는 말.

남편 복 없는 년은 자식 복도 없다

남편 때문에 고생하면 흔히 그 자식도 속을 썩인다는 뜻으로, 시집을 잘못 가서 평생 고생만 하는 여자를 이르는 말.

낫 놓고 기역 자도 모른다

기역 자 모양을 하고 있는 낫을 보고서도 기역 자를 모른다는 말로, 몹시 무식한 사람을 뜻함. =목불식정(目不識丁)

비 가나다라도 모른다 (북한 속담)

낮말은 새가 듣고 밤말은 쥐가 듣는다

①말조심하라는 말.
②비밀로 한 일도 남이 알게 될 수 있다는 말.

- There is a witness everywhere.
- Walls have ears.
- Little pitchers have long ears.

낳은 정보다 기른 정이 더 크다

길러 준 정이 크고 소중하다는 것을 강조하는 말.

내가 중이 되니 고기가 천하다

구할 때는 구하기가 어렵더니 필요 없어지자 갑자기 흔해짐을 이름.

내 돈 서 푼은 알고 남의 돈 칠 푼은 모른다

남의 것은 하찮게 여기면서 자기 것만 소중히 한다는 말.

ㄴ

내 딸이 고와야 사위를 고르지

자기의 부족함은 생각지 않고 남의 완전한 것만을 구한다는 말.

비 꽃이 좋아야 나비가 모인다

내리사랑은 있어도 치사랑은 없다

윗사람이 아랫사람을 사랑하는 만큼 아랫사람이 윗사람을 사랑하기는 어려움을 이름.

비 사랑은 내리사랑

• 치사랑 : 손윗사람에 대한 사랑. ↔내리사랑

➡ There is love downward but no love upward.

내 밥 먹은 개가 발뒤축을 문다

자기가 은혜를 베풀어 준 사람에게 오히려 해를 입었을 때 하는 말.

내 손톱에 장을 지져라

무엇을 장담하거나 강경히 부인할 때 쓰는 말.

• 장 : 간장 · 된장 · 고추장의 총칭. 위에서는 된장.

ㄴ

내외간도 돌아누우면 남이다

부부간의 애정도 소원해질 수 있음을 이름.

내 코가 석 자

내 사정이 급해서 남의 사정까지 돌볼 수가 없음을 이름. =오비삼척(吾鼻三尺)

내 할 말을 사돈이 한다

자기가 해야 할 말을 도리어 남이 한다는 말.

비 시어미 부를 노래를 며느리가 먼저 부른다

ㄴ

냉수도 불어 먹겠다

뜨거울 까닭이 없는 냉수조차도 후후 불어 먹는다는 뜻으로, 지나치게 조심스러운 행동을 비웃는 말.

냉수 먹고 된똥 눈다

대수롭지 않은 재료로 실속 있는 결과를 만들어 냈다는 말.

냉수 먹고 이 쑤시기

먹은 것도 없는데 잘 먹은 체하며 이를 쑤신다는 뜻으로, 실속은 없으면서 허세를 부리는 경우에 쓰임.

너울 쓴 거지

몹시 배가 고파 체면을 차릴 수 없게 된 처지.

• 너울 : 여자들이 얼굴을 가리기 위하여 머리에 쓰던 물건.

너하고 말하느니 개하고 말하겠다

말귀를 알아듣지 못하는 상대를 핀잔하는 말.

비 담벼락하고 말하는 셈이다

네 떡 내 먹었더냐

자기가 일을 저질러 놓고도 모르는 척하며 시치미를 떼는 모양.

네 병이야 낫든 안 낫든 내 약값이나 내라

남을 위해 한 일의 결과는 따지지 않고 대가만을 요구하는 경우를 이름.

노래기 회도 먹겠다

고약한 노린내를 풍기는 노래기도 회로 먹는다는 뜻으로, 염치도 체면도 없이 행동하는 사람을 핀잔해서 이르는 말.

• 노래기 : 기다란 원통형 몸에 다리가 많은 절지 동물의 하나. 햇빛을 싫어해서 낙엽 밑이나 초가지붕에 많이 산다.

노루 잡는 사람에 토끼가 보이나

큰 것을 바라는 이에게 사소한 것은 보이지 않음을 이르는 말.

ㄴ

노루 피하니 범이 온다

갈수록 어렵고 힘든 일이 닥친다는 말.

비 조약돌을 피하니 수마석을 만난다

비 엎친 데 덮친다

노름에 미쳐 나면 여편네도 팔아먹는다

노름을 하다가 돈을 다 잃게 되면 나중에는 자기 아내를 담보로 한다는 뜻으로, 사람이 노름에 빠지면 극도로 타락하게 됨을 이름.

노인네 망령은 고기로 고치고 젊은이 망령은 몽둥이로 고친다

노인에게는 그저 잘 대해야 하지만, 젊은이가 잘못 했을 경우에는 엄하게 다스려 교육해야 한다는 말.

ㄴ

녹비에 가로왈

사슴 가죽에 쓴 가로 왈(曰) 자는 가죽을 잡아당기는 대로 일(日) 자도 되고 왈(曰) 자도 된다는 뜻으로, 사람이 주관 없이 남의 말을 좇는 경우를 이름.

• 녹비 : 녹피. 사슴의 가죽.

논 이기듯 밭[신] 이기듯

말을 자꾸 되풀이해서 상대방이 잘 알아들을 수 있도록 함을 이르는 말.

농사 물정 안다니까 피는 나락 홱 뽑는다

남의 아첨하는 말을 제대로 알아듣지 못하고 잘난 체하며 더 괴상한 짓을 함을 이름.

• 나락 : 벼의 사투리

놓친 고기가 더 크다

사람은 지금 가지고 있는 것보다 먼저 것이 더 좋았다고 생각한다는 말.

비 놓치고 보니 큰 고기인 것만 같다

ㄴ

누울 자리 봐 가며 발을 뻗어라

①무슨 일이든지 그 결과를 예측해 보고 일을 시작하라는 말.
②시간과 장소를 가려 행동하라는 말.

- Everyone stretches his legs according to his coverlet.
- Stretch your arm no further than your sleeve will reach.

누워서 떡 먹기

어떤 일을 하기가 무척 쉬울 때 쓰임.

비 누운 소 타기

누워서 침 뱉기

남을 해하려고 하다가 오히려 자신이 해를 입게 되는 경우를 이름.

비 내 얼굴에 침 뱉기

- Like back and expectorate.
- Curses come home to roost. (저주는 둥지로 돌아온다)

ㄴ

누이 좋고 매부 좋다

서로에게 다 이롭고 좋음을 뜻함.

• 매부 : 누이의 남편.

눈 가리고 아웅

얕은수로 남을 속이려 함을 이름.

비 눈 벌리고 어비야 한다

눈 뜨고 도둑맞는다

뻔히 알면서도 속거나 손해를 본다는 말.

비 눈 뜨고 봉사질한다

ㄴ

눈 먹던 토끼 얼음 먹던 토끼가 제각각

사람은 살아온 환경에 따라 그 능력과 생각이 다름.

눈물이 골짝 난다

몹시 억울하고 야속하여 눈물이 많이 남을 이름.

• 골짝 : 골짜기의 준말.

눈에 콩깍지가 씌었다

앞이 가리어 사물을 정확하게 보지 못한다는 말로, 남녀가 연애를 할 때 단점은 보이지 않고 장점만 보인다는 말로도 쓰임.

눈을 떠도 코 베어 간다

세상 인심이 사납다는 말.

비 눈 감으면 코 베어 먹을 세상[인심]

눈치가 빠르기는 도갓집 강아지

사람들이 많이 드나드는 도갓집 강아지는 많은 사람을 만나므로 사람의 기분을 잘 살핀다는 뜻으로, 눈치가 빠른 사람을 이르는 말.

- 도갓집 : 동업자들이 모여서 계나 장사에 대한 논의를 하는 장소로 삼은 집

눈치가 빠르면 절에 가도 젓국을 얻어먹는다

영리하고 수단만 좋으면 남다른 이익을 얻을 수 있음을 이르는 말.

뉘 집에 죽이 끓는지 밥이 끓는지 아나

여러 사람의 사정을 다 살피기는 어렵다는 말.

ㄴ

늙은 말이 콩 마다할까

늙은 말이 콩을 싫어할 리가 없다는 뜻으로, 어떤 것을 무척 좋아하는 태도를 이름. 오히려 더 좋아한다는 뜻이기도 함.

늙은 소 콩밭으로 간다

①늙으면 먹는 데에 더 관심을 쏟는다는 말.
②늙으면 지금까지의 경험에 미루어 자기에게 이로운 일만 한다는 말.

늦게 배운 도둑이 날 새는 줄 모른다

뒤늦게 시작한 일에 재미를 느껴 더 열중하게 됨.

늦모내기에 죽은 중도 꿈쩍거린다

①늦모내기는 빨리 끝내야 하기 때문에 몹시 바쁘다는 말.
②몹시 바쁠 때에는 누구든 다 움직여야 한다는 말.

비 늦모내기 때에는 아궁 앞의 부지깽이도 뛴다

핵심정리
속담 뱅크
ㄷ

ㄷ

다 닳은 대갈마치라

많이 써서 닳아빠진 대갈마치란 뜻으로, 닳을 대로 닳아 어수룩한 데가 없는 사람을 이르는 말.

• 대갈마치 : 대갈(말굽에 편자를 신기는 데 박는 징)을 박는 작은 마치

다 된 죽에 코 풀기

①잘되고 있는 일을 망쳐 버리는 행동.
②남의 다 된 일을 악랄한 방법으로 방해하는 것.

비 다 된 죽에 코 빠졌다
비 잘되는 밥 가마에 재를 넣는다

다람쥐 쳇바퀴 돌듯

제자리걸음만 하고 더 발전하지 못한다는 말.

비 개미 쳇바퀴 돌듯

다시 긷지 아니한다고 이 우물에 똥을 눌까

지위나 형편이 월등해졌다고 전의 것을 괄시해서는 안 된다는 말.

ㄷ

다 팔아도 내 땅

①결국에는 자기 이익이 됨.
②큰 이익을 본 듯하나 결국 자기의 밑천밖에 되지 않음을 이름.

단솥에 물 붓기

달아 있는 솥에 물을 부어 보았자 소용없다는 뜻으로, 형편이 이미 기울어 아무리 도와주어도 보람이 없음을 이르는 말.

닫는 데 발 내민다

열중인 상태로 어떤 일을 하고 있는데 남이 중간에서 방해할 때 쓰는 말.

닫는 사슴을 보고 얻은 토끼를 잃는다

큰 것에 너무 욕심을 부리면 도리어 손해를 입게 됨.

달걀도 굴러가다 서는 모가 있다

①어떤 일이든 끝날 때가 있다는 말.

ㄷ

②좋게만 대하는 사람도 화를 낼 때가 있다는 말.

비 메밀도 굴러가다가 서는 모가 있다

• 모 : 모서리의 준말.

달걀로 바위[백운대] 치기

대항해도 도저히 이길 수 없는 경우를 이름.
=이란격석(以卵擊石)

• 백운대 : 서울 북부와 경기도 고양시 사이에 있는 봉우리. 북한산의 최고봉으로 높이 836.5미터.

달걀로 치면 노른자다

가장 중요한 부분이라는 말.

백운대

ㄷ

달걀 섬 다루듯 하다

매우 조심하여 다룬다는 말.

• 섬 : 곡식 등을 담는, 짚으로 엮은 멱서리.

달고 치는데 안 맞는 장사가 있나

아무리 강한 사람이라도 여러 사람이 함께 덤벼들면 당할 수 없음을 이름.

달도 차면 기운다

①한번 성하면 다시 쇠하기 마련이라는 말.
②행운이 언제까지나 계속되는 것은 아니라는 말.

비 달이 둥글면 이지러지고 그릇이 차면 넘친다

➡ Every tide has its ebb.
★ebb_썰물 ↔ flow

달면 삼키고 쓰면 뱉는다

옳고 그름을 따지지 않고 자기의 이익만 꾀함.

=감탄고토(甘呑苦吐)

비 추우면 다가들고 더우면 물러선다

ㄷ

달밤에 삿갓 쓰고 나온다

어두컴컴한 달밤에는 어차피 얼굴이 잘 보이지 않는데 얼굴을 가리려고 삿갓을 썼다는 뜻이니, 가뜩이나 미운 사람이 더 미운 짓만 함을 이름.

비 못생긴 며느리 제삿날에 병난다

달 보고 짖는 개

①남의 일에 대해 잘 알지도 못하면서 떠들어 대는 사람. ②대수롭지 않은 일에 공연히 놀라거나 겁을 내서 떠들썩거리는 사람을 이름.

닭 잡아먹고 오리 발 내놓기

자신이 저지른 옳지 못한 일을 엉뚱한 수작으로 속여 넘기려 하는 행동.

닭 쫓던 개 지붕 쳐다보듯

쫓고 있던 닭이 지붕으로 올라가자 높은 데 오를 수 없는 개가 맥이 빠져 지붕만 쳐다본다는 뜻으로, 애써 이루려던 일이 실패로 돌아가거나 남보다 뒤떨어져 어찌할 도리가 없음을 이름.

담을 쌓았다 헐었다 한다

여러 가지로 궁리하여 본다는 말.

ㄷ

당나귀 귀 치레

당나귀의 귀에다 여러 가지 모양을 낸다는 뜻으로, 어울리지 않는 쓸모없는 치레를 이름.

당나귀 하품한다고 한다

귀가 들리지 않는 귀머거리는 당나귀가 우는 것을 보고도 하품하는 줄 안다는 뜻으로, 귀머거리를 조롱하여 쓰는 말.

대가리를 잡다가 꽁지를 잡았다

큰 것을 이루려고 했으나 겨우 작은 것밖에 얻지 못했다는 말.

대낮에 도깨비에 홀렸나

도무지 이해되지 않는 일을 당했을 때 하는 말.

대문 밖이 저승이라

①사람의 목숨이 덧없음을 뜻함.
②머지않아 곧 죽게 될 것임을 이름.

비 문턱 밑이 저승이라

대문이 가문

아무리 가문이 높아도 가난하면 위엄이 없어 보임.

대신 댁 송아지 백정 무서운 줄 모른다

남의 권세만 믿고 방자하고 교만하게 군다는 말.

비 대신 집 강아지 범 무서운 줄 모른다

• 백정 : 소 · 돼지 · 개 따위를 잡는 일을 직업으로 삼은 사람. 백장.

대장의 집에 식칼이 논다

어떤 물건이 흔하게 있을 듯한 곳인데 의외로 많지

않음을 뜻함.

비 짚신장이 헌 신 신는다

➡ The cobbler's wife goes the worst shod.

ㄷ

대한이 소한의 집에 가서 얼어 죽는다

글자 뜻대로라면 대한이 소한보다 더 추워야 하는데, 실제로는 소한 무렵이 더 춥다는 말.

비 소한의 얼음 대한에 녹는다

• 소한 · 대한 : 각각 24절기의 스물셋째와 스물넷째. 둘 다 일 년 중 가장 추운 때임.

더도 말고 덜도 말고 늘 가윗날만 같아라

추석은 곡식이 익는 시기로 모든 것이 풍성하다는 데서, 언제나 잘 먹고 잘 살기를 바라며 하는 말.

더부살이가 주인 마누라 속곳 베 걱정한다

주제넘게 남의 일에 대해 걱정하는 경우를 이름.

비 더부살이 환자 걱정

• 더부살이 : 남의 집에서 먹고 자며 일해 주고 삯을 받는 사람.

• 속곳 : 예전에 여자들이 입던 속옷.
• 베 : 무명실 · 명주실 따위로 짠 옷감.

덩덩하니 문 너머 굿인 줄 아느냐

무엇이 얼씬만 해도 좋은 일이 생긴 줄 알고 공연히 기뻐한다는 말.

덮어놓고 열넉 냥[열닷 냥] 금

내용을 살펴보지도 않고 함부로 판단하는 경우를 이름.

도깨비를 사귀었나

까닭 모르게 재산이 부쩍부쩍 늘어남을 이르는 말.

ㄷ

도끼가 제 자루 못 찍는다

자기의 허물을 스스로 알고 고치기는 어렵다는 말.

도끼로 제 발등 찍는다

남을 해치려고 한 일인데 결국은 자기에게 해로운 일이 되었다는 말.

도끼를 베고 잤나

잠을 편히 자지 못했냐는 뜻으로,
아침에 너무 일찍 일어난 사람을 놀리는 말.

도둑을 맞으려면 개도 안 짖는다

운이 나쁘면 모든 일이 제대로 되지 않음을 이름.

비 운수가 사나우면 짖던 개도 안 짖는다

도둑의 씨가 따로 없다

태어날 때부터 도둑인 사람은 없다는 뜻으로, 사람이란 주위 환경과 조건에 따라 누구나 도둑이 될 수 있다는 말.

ㄷ

도둑이 제 발 저리다

죄를 지으면 마음이 불안하다는 말.

비 도적은 제 발이 저려서 뛴다

도둑질은 내가 하고 오라는 네가 져라

옳지 않은 일을 해서 이익은 제가 챙기고 그에 대한 벌은 남에게 미루는 경우를 뜻함.

비 좋은 짓은 저희들끼리 하고 죽은 아이 장사는 나더러 하란다

• 오라 : 도둑이나 죄인을 묶는 붉고 굵은 줄. 오랏줄.

도랑에 든 소

도랑에 들어가 양쪽에 우거진 풀을 모두 먹을 수 있는 소라는 뜻으로, 양쪽에서 이익을 보는 사람을 이르는 말.

• 도랑 : 폭이 좁은 개울.

도랑 치고 가재 잡는다

①일의 순서가 뒤바뀐 경우를 이르는 말.
②한 가지 일로 두 가지 이익을 봄.
=일석이조(一石二鳥)

도래떡이 안팎이 없다

큼직하고 둥글넓적하게 생긴 도래떡은 안과 밖의 구별이 없다는 뜻으로, 두루뭉술하여 판단을 내리기가 어렵다는 말.

• 도래떡 : 초례상에 놓는 흰떡.

도련님 천량

아직 돈을 쓸 줄 모르는 도련님의 돈이라는 뜻으로, 아껴서 옹골지게 모은 돈을 이르는 말.

• 천량 : 재물과 양식.

도토리 키 재기

①정도가 비슷비슷한 사람끼리 서로 다툼.
②비슷하여 견주어 볼 필요가 없다는 말.

비 난쟁이끼리 키 자랑하기

ㄷ

독사 아가리에 손가락을 넣는다

독이 있는 뱀 입에 손가락을 넣는다는 뜻으로, 위험천만한 행동을 이르는 말.

돈만 있으면 개도 멍첨지라

천한 지위에 있는 사람이라도 돈만 있으면 다른 사람들이 귀하게 대접함을 이름.

• 멍첨지 : 멍가 성을 가진 첨지라는 뜻으로 개를 이름.

➡ Money makes the mare to go.
➡ Who holds the purse rules the house.

돈 모아 줄 생각 말고 자식 글 가르쳐라

후손에게 물려줄 가장 좋은 재산은 재물이 아니라 교육임을 이르는 말.

비 황금 천 냥이 자식 교육만 못하다

돈 주고 병 얻는다

스스로 얻은 병이라는 뜻으로, 자기 잘못으로 고생하게 되는 경우를 이르는 말.

돌다리도 두들겨 보고 건너라

잘 아는 일도 꼼꼼하게 주의를 기울여 하라는 말.

비 아는 길도 물어 가랬다 비 얕은 내도 깊게 건너라

➡ Look before you leap.

ㄷ

돌도 십 년을 보고 있으면 구멍이 뚫린다

정성을 쏟으면 안 되는 일이 없다는 말.

비 지성감천(至誠感天)

돌로 치면 돌로 치고 떡으로 치면 떡으로 친다

남이 나를 대하는 만큼, 나도 남을 대접한다는 말.

비 욕은 욕으로 갚고 은혜는 은혜로 갚는다

돌미륵이 웃을 노릇

꿈쩍 않는 돌미륵이 웃을 정도로 어처구니없는 일.

비 길가의 돌부처가 다 웃겠다

돌을 차면 발부리만 아프다

쓸데없이 화를 내면 자기만 아프게 된다는 말.

ㄷ

돌절구도 밑 빠질 때가 있다

①아무리 튼튼한 것이라도 오래도록 변하지 않는 것은 없음.
②이름나고 크게 번창한 집안도 몰락할 수 있음.

동냥아치 쪽박 깨진 셈

먹고사는 데 쓰는 유일한 기술이나 도구가 못쓰게 된 경우를 뜻함.

동냥은 안 주고 쪽박만 깬다

요구를 들어주기는커녕 오히려 방해만 한다는 말.

비 동냥은 아니 주고 자루 찢는다

• 쪽박 : 작은 바가지.

동아 속 썩는 것은 밭 임자도 모른다

남의 마음속 근심은 아무리 친하고 가깝게 지내는 사람이라도 알 수 없다는 말.

• 동아 : 박과의 한해살이 덩굴 식물. 긴 타원형의 호박 비슷한 열매가 열림.

돼지

돼지는 흐린 물을 좋아한다

더러운 것은 더러운 것과의 사귐을 좋아한다는 말.

돼지에 진주 (목걸이)

가치를 모르는 사람에게는 보물도 아무런 소용이 없음을 이름.

돼지 윈 발톱

일정한 틀에서 벗어난 일을 하거나 남과 다른 행동을 하는 경우를 이름.

되로 주고 말로 받는다

남에게 조금 주었음에도 그보다 몇 배나 되돌려 받는 경우를 이름

비 한 되 주고 한 섬 받는다

ㄷ

된장에 풋고추 박히듯

한 곳에 틀어박혀 자리를 떠나지 않는다는 말.

될성부른 나무는 떡잎부터 알아본다

크게 될 사람은 어려서부터 남다르다는 말.

비 푸성귀는 떡잎부터 알고 사람은 어렸을 때부터 안다

• 떡잎 : 씨앗 속에서 처음 싹터 나오는 잎.

두꺼비 꽁지만 하다

아주 작아서 거의 없는 듯함.

두꺼비씨름 누가 질지 누가 이길지

서로 다투어도 끝내 승부가 나지 않음을 이름.

비 막둥이 씨름하듯

두더지 혼인 같다

분수를 모르고 엉뚱한 희망을 갖는다는 뜻. 두더지가 하늘, 태양, 바람, 석불 등에 청혼하는 과정에서 자기보다 나은 것이 없다면서 결국 같은 두더지에게 청혼했다는 이야기에서 유래.

두부에도 뼈라

틀림없이 될 일에도 뜻밖의 변고가 생긴다는 뜻으로, 운이 나쁜 사람을 일컫는 말.

비 계란에도 뼈가 있다=계란유골(鷄卵有骨)

두 손뼉이 맞아야 소리가 난다

①양편이 서로 맞아야 일이 잘됨.
②서로 똑같기 때문에 싸움이 된다는 말.

두 손의 떡

두 가지 일이 있는데 어떤 일부터 해야 할지 모르는 경우를 이름.

비 양손의 떡

ㄷ

둘러치나 메어치나

이러나저러나 결과는 마찬가지라는 말.

비 업으나 지나

둘이 먹다 하나가 죽어도 모르겠다

음식이 무척 맛있는 경우에 하는 말.

비 셋이 먹다가 둘이 죽어도 모른다

뒷간에 갈 적 마음 다르고 올 적 마음 다르다

제 할 일을 다하면 마음이 달라진다는 말.

드는 정은 몰라도 나는 정은 안다

①정이 떨어져 싫어지면 분명하게 알 수 있다는 말.
②정이 들 땐 몰라도 막상 헤어질 때는 그 정이 얼마나 깊었는지 알게 된다는 말.

드문드문 걸어도 황소걸음

속도는 느리지만 믿음직스럽고 알차다는 말.

비 느릿느릿 걸어도 황소걸음

• 황소걸음 : 황소처럼 느리게 걷는 걸음. 또는 느리기는 하나 착실하게 해 나가는 행동.

ㄷ

듣기 좋은 이야기도 늘 들으면 싫다

아무리 좋은 일이라도 여러 번 되풀이하면 싫어짐.

비 듣기 좋은 꽃노래도 한두 번이지

비 맛있는 음식도 늘 먹으면 싫다

들으면 병이요 안 들으면 약이다

들어서 걱정될 일이라면 차라리 듣지 않는 편이 낫다는 말.

등겨 먹던 개는 들키고 쌀 먹던 개는 안 들킨다

크게 나쁜 짓을 한 사람은 들키지 않고 대수롭지 않은 죄를 지은 사람이 들켜서 남의 죄까지 뒤집어쓰게 되는 경우를 이름.

비 똥 싼 놈은 달아나고 방귀 뀐 놈만 잡혔다

• 등겨 : 곡식을 빻을 때 나오는 고운 속겨. '겨'라고도 함.

ㄷ

등잔 밑이 어둡다

가까운 곳에서 생긴 일은 오히려 잘 알기 어렵다는 말. =등하불명(燈下不明)

➡ You must go into the country to hear what news at London. 런던 소식을 들으려면 시골로 가야 한다.

등치고 간 내먹는다

겉으로는 위해 주는 척하면서 속으로는 해를 끼친다는 말.

딸 삼 형제 시집보내면 좀도둑도 안 든다

딸을 시집보낼 때는 비용이 많이 든다는 말.

비 딸 셋을 여의면 기둥뿌리가 팬다

딸 없는 사위

인연이 끊겨 거의 상관없게 된 대상을 뜻함.

딸은 제 딸이 고와 보이고, 곡식은 남의 곡식이 탐스러워 보인다

자식은 남의 자식보다 제 자식이 더 나아 보이고, 물건은 남의 것이 제 것보다 더 좋아 보인다는 말.

땅 짚고 헤엄치기

일이 무척 쉽다는 말.

비 주먹으로 물 찧기

때리는 시어머니보다 말리는 시누이가 더 밉다

겉으로는 위해 주는 척하면서 속으로는 해하고 헐

뜯는 사람이 더 밉다는 말.

ㄷ

떡 본 김에 제사 지낸다

운 좋은 기회에 하려던 일을 해치운다는 말.

비 떡 본 김에 굿한다　비 소매 긴 김에 춤춘다

떡 줄 사람은 꿈도 안 꾸는데 김칫국부터 마신다

상대는 해 줄 생각도 하지 않는데 미리 받을 것처럼 기대한다는 말.

➡ Don't count your chickens before they are hatched.

떼어 놓은 당상

일이 확실하여 조금도 틀림이 없다는 말.

• 당상 : 조선 시대의 정 3품 이상의 벼슬.

똥구멍이 찢어지게 가난하다

매우 가난함을 이름.

비 밑구멍이 찢어지게[째지게] 가난하다

ㄷ

똥 누고 밑 아니 씻은 것 같다

일의 끝마무리를 제대로 하지 않아 마음에 꺼림칙하다는 말.

똥 누러 갈 적 마음 다르고 올 적 마음 다르다

제가 아쉽고 급할 때에는 애써 다니다가 그 일이 끝나고 나면 모른 척하는 경우에 쓰임.

똥 묻은 개가 겨 묻은 개 나무란다

자기의 큰 흉은 생각하지 않고 오히려 남의 작은 흉을 본다는 말.

비 그슬린 돼지가 달아맨 돼지 타령한다

➡ The pot calls the kettle black.

• 겨 : 곡식을 찧을 때 나오는 고운 속겨. 등겨.

똥이 무서워 피하나 더러워 피하지

악하고 못된 사람을 피하는 것은 그 사람이 무서워서가 아니라 상대할 가치가 없어서라는 말.

ㄷ

똥 친 막대기

똥을 쳐서 더러워진 막대기라는 뜻으로, 천하게 되어 가치가 없는 것을 이름.

뚝배기보다 장맛이 좋다

겉모양보다 내용이 훨씬 좋다는 뜻.

비 꾸러미에 단 장 들었다

비 장독보다 장맛이 좋다

뛰는 놈 위에 나는 놈 있다

잘난 사람 위에 더 잘난 사람이 있다는 뜻. 스스로 뽐내고 자만하지 말라는 의미로 쓰임.

비 기는 놈 위에 나는 놈이 있다

뜨물 먹고 주정한다

공연히 취한 척하며 주정한다는 말.

핵심정리
속담 뱅크
ㅁ

ㅁ

마당 벌어진 데 웬 솔뿌리 걱정

마당이 벌어졌는데 그릇이 터졌을 때 필요한 솔뿌리를 걱정한다는 뜻으로, 당치도 않은 것으로 일을 바로잡으려 하는 어리석음을 이름.

마른나무에 물 내기라

없는 것을 짜내려고 억지를 쓴다는 말.

마른논에 물 대기

①일이 매우 힘들다는 뜻.
②힘들여 해도 성과가 없는 경우를 이름.

마른하늘에 날벼락

뜻밖에 입는 재난.

• 마른하늘 : 비나 눈이 오지 않는 갠 하늘.

마름쇠도 삼킬 놈

송곳처럼 뾰족한 마름쇠를 삼킬 정도로 몹시 탐욕

스러운 사람이라는 말.

• 마름쇠 : 도둑이나 적을 막기 위해 땅에 흩어 두었던 쇠못.

마음 없는 염불

마음에도 없는 일을 마지못해 한다는 말.

마음에 있어야 꿈도 꾸지

무슨 일이든지 생각이나 뜻이 있어야 이루어진다는 말.

비 마음에 없으면 보이지도 않는다

마음이 풀어지면 하는 일이 가볍다

근심, 걱정이 없어지면 하는 일도 잘된다는 말.

마치가 가벼우면 못이 솟는다

윗사람이 위엄이 없으면 아랫사람이 버릇없이 군다는 말.

• 마치 : 못을 박거나 무엇을 두드리거나 하는 데 쓰는 연장.

ㅁ

마파람에 게 눈 감추듯

음식을 언제 먹었는지도 모를 정도로 빨리 해치우는 모습.

비 남양 원님 굴회 마시듯

비 두꺼비 파리 잡아먹듯

• 마파람 : 뱃사람들이 말하는 남풍.

막내아들이 첫아들이라

막내아들이 가장 귀엽고 소중하게 여겨지는 것처럼, 무엇이든 맨 나중의 것이 제일 중요하게 생각된다는 말.

막다른 골목이 되면 돌아선다

일이 더 이상 나아갈 수 없는 지경에 이르면 또 다른 방책이 생긴다는 말.

막술에 목이 멘다

일이 잘 진행되다가 마지막 단계에서 문제가 생김.

• 막술 : 음식을 먹을 때 마지막으로 드는 숟가락.

말 갈 데 소 간다

①말이 가야 할 곳에 엉뚱하게 소가 간다는 뜻으로, 아니 갈 데를 간다는 말.
②남이 할 수 있는 일은 나도 할 수 있다는 말.

ㅁ

말고기를 다 먹고 무슨 냄새 난다 한다

욕심을 다 채우고 나서 쓸데없는 불평을 한다는 말.

말 꼬리에 파리가 천 리 간다

파리가 말 꼬리에 붙어 먼 곳까지 간다는 뜻으로, 남의 세력에 의지해 기를 편다는 말.

비 천리마 꼬리에 쉬파리 따라가듯

ㅁ

말똥도 세 번 굴러야 제자리에 선다

무슨 일이든지 여러 번 해보아야 제자리가 잡힌다는 말.

말로 온 동네 다 겪는다

음식이나 물건이 아니라 말로만 남을 대접하는 체한다는 말.

말 많은 집은 장맛도 쓰다

①잔말이 많은 집은 살림이 안된다는 말.
②그럴듯하게 말하지만 실상은 좋지 못함을 이름.

말 머리에 태기가 있다

일의 시작부터 성공할 조짐이 보임.

• 태기(胎氣) : 아기를 가진 기미

말 삼은 소 신이라

말이 삼은 소의 짚신이라는 뜻으로, 일이 뒤죽박죽되어 결국은 못쓰게 되었음을 이름.

말이 씨가 된다

늘 말하던 것이 실제로 이루어졌을 경우를 이름.

말 타면 경마 잡히고 싶다

한 가지를 이루면 더 큰 욕심이 생긴다는 말로, 사람의 욕심은 끝이 없다는 말.

비 말 타면 종 두고 싶다

• 경마 : 남이 탄 말을 몰기 위하여 잡는 고삐

➡ The more one has, the more one wants.

ㅁ

말 태우고 버선 깁는다

준비가 매우 늦어 허둥지둥하게 되는 경우를 이름.

비 가마 타고 옷고름 단다

말 한마디에 천 냥 빚도 갚는다

말을 잘하면 어떤 어려움도 해결할 수 있다는 말.

맛 좋고 값싼 갈치자반

한 가지 일로 두 가지 이익을 얻었다는 말.

망건 쓰자 파장

준비를 하다가 때를 놓쳐 뜻을 이루지 못함.

- 망건 : 상투를 틀때 머리카락이 흘러 내려오지 않도록 머리에 두르는 그물 모양의 물건.
- 파장 : 과거시험장이나 시장 등이 끝남.

망둥이 제 동무 잡아먹는다

같은 부류나 친척 간의 싸움을 뜻함.

비 망둥이 제 새끼 잡아먹듯

망둥이가 뛰면 꼴뚜기도 뛴다

남이 한다고 하니까 분별없이 덩달아 나섬을 이름.

비 숭어가 뛰니까 망둥이도 뛴다

비 가물치가 뛰면 웅달치도 뛴다 (북한 속담)

비 가물치가 첨벙하니 메사구도 첨벙한다 (북한 속담)

ㅁ

망신하려면 아버지 이름자도 안 나온다

망신을 당하려면 그동안 내내 잘하던 아주 쉬운 일에도 실수한다는 말.

매 끝에 정든다

혼나거나 매를 맞은 뒤에 더 가까워진다는 말.

매도 먼저 맞는 놈이 낫다

어차피 겪을 일이라면 먼저 치르는 것이 낫다는 말.

매를 꿩으로 보다

사나운 사람을 순한 줄로 잘못 안다는 말.

ㅁ

매 위에 장사 있나

매로 때리는데 굴복하지 않을 사람이 없다는 말.

매화도 한철 국화도 한철

①모든 사물은 제각기 좋은 때가 있다는 말.
②한창때가 있으면 쇠퇴할 시기도 있음을 뜻함.

• 매화와 국화 : 각각 이른 봄과 가을에 피는 꽃임.

맥도 모르고 침통 흔든다

일의 속내도 모르면서 함부로 덤빈다는 뜻.

비 말똥도 모르고 마의(馬醫) 노릇 한다

• 맥 : 맥박의 준말.

맹물에 조약돌 삶은 맛이다

아무 맛도 나지 않음을 이름.

머리 없는 놈 댕기 치레한다

보잘것없는 사람이 겉모양만 꾸민다는 말.

먹기는 파발이 먹고 뛰기는 역마가 뛴다

정작 애쓴 사람은 제쳐놓고 딴 사람이 그 대가를 받는다는 말.

- 파발 : 조선 시대에 각 역참에 딸려 공문서를 전하던 사람.
- 역마 : 각 역참에 갖추어 두고 파발이 이용하던 말. 역말.

ㅁ

먹을 것 없는 제사에 절만 많다

아무 소득도 없는 일에 수고만 잔뜩 함을 이름.

먹줄 친 듯하다

무엇이 한결같이 곧고 어긋남이 없이 바르다는 말.

먹지 않는 종 투기 없는 아내

너무 비현실적인 것을 원한다는 말.

먼저 먹은 후 답답

①먼저 먹고 남이 먹을 때는 바라만 본다는 말.
②남보다 먼저 많이 하려고 욕심을 부리면 도리어 실패할 수 있다는 말.

메기가 눈은 작아도 저 먹을 것은 알아본다

식견이 좁아 보이는 사람도 제 살길은 다 마련하고 있다는 말.

ㅁ

메뚜기도 유월이 한철이다

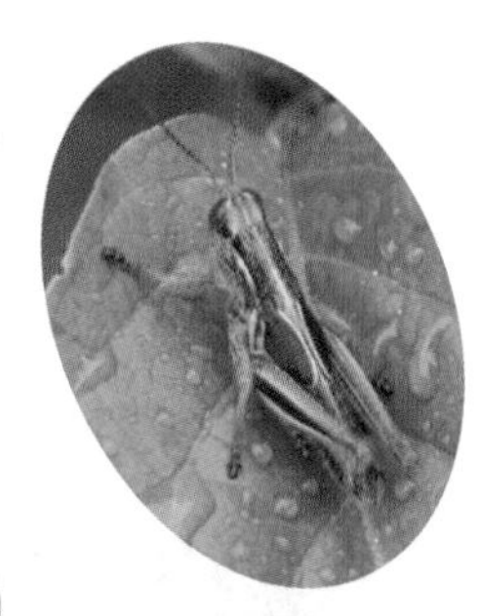

①때를 만난 듯 날뛰는 사람을 이름.
②무엇이나 한창때는 짧다는 말.

➡ Everything has its time.

며느리가 미우면 발뒤축이 달걀 같다고 나무란다

어떤 사람이 미우면 그 사람에 대해 공연히 트집을 잡아 없는 허물도 만들어낸다는 말.

며느리 사랑은 시아버지 사위 사랑은 장모

흔히 며느리는 시어머니보다 시아버지에게 사랑을 받고, 사위는 장인보다 장모가 더 위한다는 말.

비 장모는 사위가 곰보라도 예뻐하고 시아버지는 며느리가 빼드렁니에 애꾸라도 예뻐한다

ㅁ

명주옷은 사촌까지 덥다

가까운 친척이 잘살면 그 덕을 보게 된다는 말.

명주 자루에 개똥

겉은 그럴듯하나 실은 보잘것없는 사람을 이름.

모기 보고 칼 빼기

조그만 일에 너무 야단스레 덤빔. =견문발검(見蚊拔劍)

모난 돌이 정 맞는다

①두각을 나타내는 사람은 남에게 미움을 받기 십상이라는 말.

②강직한 사람은 남의 공격을 받기 쉽다는 말.

• 정 : 돌을 쪼아 다듬거나 구멍을 뚫는 데 쓰는 쇠연장.

➡ The highest branch is not the safest roost.

ㅁ

모래로 물[내] 막는다

수고는 하나 아무런 보람이 없어 쓸데없이 노력을 들인 일이라는 말.

모래 위에 선 누각

기초가 튼튼하지 못하여 오래되지 않아 허물어질 수 있는 물건이나 일을 뜻함. =사상누각(沙上樓閣)

비 모래 위에 쌓은 성

모로 가도 서울만 가면 된다

수단과 방법 가리지 않고 목적만 이루면 된다는 말.

• 모로 : 비스듬히. 옆쪽으로

모로 던져 마름쇠

아무렇게나 해도 일의 어긋남이 없다는 말.

모르면 약이요 아는 게 병

차라리 아무것도 모르면 마음이 편하지만, 조금이라도 알게 되면 오히려 걱정거리만 생긴다는 말.

비 무지각이 상팔자

비 식자우환(識字憂患)

➡ Ignorance is bliss.

ㅁ

모진 놈 옆에 있다가 벼락 맞는다

나쁜 사람을 가까이하면 반드시 그 화를 같이 입게 됨을 이르는 말.

모처럼 태수 되니 턱이 떨어져

벼르고 별러 목적을 이뤘는데 허사가 되었다는 말.

• 태수 : 예전의 지방관.

목구멍 때도 못 씻었다

제 양에 차지 못하게 음식을 아주 조금 먹었을 경우에 쓰이는 말.

비 간에 기별도 안 간다

ㅁ

목구멍이 포도청

먹고살기 위해 해서는 안 될 일까지 하게 되었음을 이르는 말.

• 포도청 : 조선 시대에 범죄자를 잡거나 다스리던 관청.

➡ Hunger breaks stone wall.

목마른 놈이 우물 판다

제일 급하고 아쉬운 사람이 서둘러 그 일을 시작하게 된다는 말.

비 갑갑한 놈이 송사한다

목 멘 개 겨 탐하듯

목이 멘 개가 겨를 먹으면 더 심하게 목이 멜 텐데도 겨를 탐낸다는 뜻으로, 자기 분수를 모르고 어려운 일을 하려고 함을 이름.

못된 송아지 엉덩이에 뿔이 난다

덜된 사람이 교만하게 군다는 뜻.

비 못된 벌레 장판방에서 모로 긴다

못 먹는 감 찔러나 본다

제가 갖지 못할 바에야 남도 갖지 못하게 훼방 놓는다는 말.

비 나 못 먹을 밥에는 재나 넣지

ㅁ

못 먹는 씨아가 소리만 난다

①되지 못한 사람이 잘난 체하고 큰소리만 침.
②이루지도 못할 일을 시작하면서 소문만 마구 퍼뜨린다는 말.

무당이 제 굿 못하고 소경이 저 죽을 날 모른다

제 일은 제가 처리하기 어렵다는 말.

비 중이 제 머리를 못 깎는다

무소식이 희소식

소식이 없는 것은 무사히 잘 있다는 뜻이니, 곧 기쁜 소식이나 다름없다는 말.

➡ No news is good news.

무자식 상팔자

자식 없는 팔자가 오히려 걱정이 없어 좋다는 말.

묵은장 쓰듯

물건을 아끼지 않고 헤프게 쓴다는 말.

문비를 거꾸로 붙이고 환쟁이만 나무란다

잘못은 자기가 해 놓고 오히려 남을 탓한다는 말.

- 문비 : 악귀를 쫓는 뜻으로 대문에 붙이는 신장(神將)의 그림.
- 환쟁이 : 조잡한 그림을 그리는 일을 하는 사람.

문서 없는 상전

이유 없이 남에게 까다롭게 구는 사람을 일컬음.

문전 나그네 흔연대접

어떤 신분의 손님이든 친절하게 대하라는 말.

물건을 모르거든 금 보고 사라

어떤 물건의 가치를 알 수 없다면 그 값을 보고 사

라는 뜻으로, 그 물건의 질은 그것의 가격이 알려준다는 말.

물때썰때를 안다

밀물, 썰물의 시기를 알고 있다는 뜻으로, 사물의 형편이나 흥하고 쇠퇴하는 시기를 알고 있다는 말.

ㅁ

물 밖에 난 고기

①자기의 능력을 발휘할 수 없는 상황에 놓인 사람.
②운명이 이미 결정되어 벗어날 수 없음을 뜻함.

물 본 기러기 꽃 본 나비

①바라던 바를 이루어 우쭐거리며 뽐낸다는 말.
②마음에 드는 이성에게 애정이 쏠린다는 말.

물에 빠지면 지푸라기라도 잡는다

위급한 상황에 처하게 되면 무엇이든 잡고 늘어지게 되어 있다는 말.

➡ A drowning man will catch at a straw.

ㅁ

물에 빠진 놈 건져 놓으니까 내 봇짐 내라 한다

남에게 은혜를 입고서도 그것을 갚기는커녕 도리어 은인을 나무라고 원망한다는 말.

물은 건너 보아야 알고 사람은 지내 보아야 안다

사람은 겉으로만 보아서는 그 속을 알 수 없으므로, 서로 오래 겪어 보아야 알 수 있다는 말.

비 깊고 얕은 물은 건너 보아야 안다

➡ The proof of the pudding is in the eating.

물이 깊을수록 소리가 없다

깊은 물일수록 잔잔하게 흐르듯, 마음씨가 너그럽고 생각이 깊은 사람은 잘난 체하거나 뽐내지 않음.

➡ Still waters run deep.

물이 너무 맑으면 고기가 아니 모인다

사람이 지나치게 결백하면 남이 가까이 가지 않으려고 한다는 말.

미꾸라지 용 됐다

보잘것없던 사람이 크게 되었음을 뜻함.

미꾸라지 한 마리가 온 웅덩이를 흐려 놓는다

한 사람의 잘못된 행동이 여러 사람에게 나쁜 영향을 미친다는 말.

비 미꾸라지 한 마리가 한강 물을 다 흐리게 한다

➡ One scabbed sheep mars the whole flock.

미꾸라짓국 먹고 용트림한다

①시시한 일을 하고서 큰일을 한 듯이 으스대는 경우.
②보잘것없는 사람이 잘난 체한다는 말.

비 김칫국 먹고 수염 쓴다

미끄러진 김에 쉬어 간다

그르친 기회를 이용해 적절한 행동을 취한다는 말.

미련은 먼저 나고 슬기는 나중 난다

미련이 먼저 생기고 슬기가 나중에 생긴다는 뜻으

로, 일을 그르쳐 놓은 후에 이랬으면 좋았을걸, 저랬으면 좋았을걸, 하고 여러 가지로 궁리한다는 말.

미역국 먹고 생선 가시 내랴

ㅁ

불가능한 일을 자꾸 우겨 댐을 이르는 말.

미운 아이[놈] 떡 하나 더 준다

미운 사람에게 더욱 잘해 준다는 말로, 싫은 사람일수록 잘해 주어 나쁜 감정이 쌓이지 않도록 해야 한다는 말.

비 미운 사람에게는 쫓아가 인사한다

미주알고주알 밑두리콧두리 캔다

일의 깊은 속까지 자세히 조사한다는 말.

미치광이 풋나물 캐듯

미친 사람이 풋나물을 닥치는 대로 잡아 뜯으며 돌아다닌다는 뜻으로, 일하는 솜씨가 매우 거칠고 어지러움을 이름.

비 미친년 달래 캐듯

미친개 눈엔 몽둥이만 보인다

①어떤 일에 되게 혼이 난 후에는 그것과 비슷한 것을 보기만 해도 겁을 먹고 무서워한다는 말.
②어떤 일에 열중하면 모든 것이 그 일처럼 보인다는 말.

ㅁ

믿는 도끼에 발등 찍힌다

믿고 있는 일에 문제가 생기거나 믿고 있던 사람에게 배반당했을 때 쓰이는 말.

밀가루 장사 하면 바람이 불고 소금 장사 하면 비가 온다

밀가루는 바람에 날아가고 소금은 비에 녹아내려 장사를 할 수 없다는 뜻으로, 운이 좋지 않아 매번 일이 제대로 되지 않는다는 말.

밑 빠진 독에 물 붓기

밑이 빠진 독에 물을 부어 보았자 채워질 수 없다는 뜻으로, 아무리 애를 써도 보람이 없음을 이름.

ㅁ

밑구멍으로 호박씨 깐다

겉으로 드러내지 않고 남모르게 엉큼한 짓을 하는 경우를 이름.

비 뒤로 호박씨 깐다

밑구멍은 들출수록 구린내만 난다

남에게 숨기고 있는 꺼림칙한 일은 밝히면 밝힐수록 그 허물이 더 드러난다는 말.

밑져야 본전

일을 그르쳐도 손해 볼 것은 없다는 말.

핵심정리
속담 뱅크
ㅂ

ㅂ

바늘 가는 데 실 간다

밀접한 관계가 있는 것끼리 떨어지지 아니하고 서로 따른다는 말.

비 구름 갈 제 비 간다

비 봉 가는 데 황 간다

바늘구멍으로 하늘 보기

작은 바늘구멍을 통해 하늘을 보면 극히 일부분밖에 볼 수 없다는 뜻으로, 전체를 보지 못하는 소견이 좁은 사람을 일컬음.

바늘구멍으로 황소바람 들어온다

추운 겨울에는 작은 구멍으로도 새어 들어오는 바람이 매우 차다는 뜻으로, 작은 것이라고 무시하고 소홀히 해서는 안 된다는 말.

바늘 도둑이 소도둑 된다

바늘 같은 사소한 물건을 훔치던 사람도 그것이 되풀이되다 보면 소까지 훔치게 된다는 뜻으로, 나쁜 짓을 자꾸 하게 되면 나중에는 큰 죄를 저지르게 된다는 말.

➡ He that will steal an egg will steal an ox.

바늘로 찔러도 피 한 방울 안 난다

지독한 구두쇠를 일컫는 말.

바늘뼈에 두부살

몸이 연약한 사람을 가리킴.

바다는 메워도 사람의 욕심은 못 채운다

사람의 욕심은 끝이 없어서 채울 수 없다는 말.

비 되면 더 되고 싶다

바람 앞의 등불

바람 앞에 있는 등불은 언제 꺼질지 알 수 없으므로, 매우 위험한 지경에 처했다는 말.

=풍전등화(風前燈火)

바람이 불어야 배가 가지

돛단배는 바람이 있어야 앞으로 나아갈 수 있으므로, 조건이 맞아야 일을 제대로 이룰 수 있다는 말.

비 물이 가야 배가 오지

ㅂ

바위를 차면 제 발만 아프다

욱해서 일을 저지르면 제게만 해롭다는 말.

바지랑대로 하늘 재기

빨랫줄을 받치는 장대로 하늘의 높이를 재려 한다는 뜻으로, 도저히 불가능한 일을 하려 한다는 말.

바지저고리만 다닌다

사람의 몸은 없는데 바지저고리만 홀로 걸어다닌다는 뜻으로, 속없는 행동을 하고 다닌다는 말.

박쥐의 두 마음

자기의 이득을 위해서라면 이쪽에도 붙고 저쪽에도 붙는 기회주의자를 일컫는 말.

반딧불로 별을 대적하랴

되지 않을 일은 아무리 노력해도 이루어지지 않는다는 말.

반찬 먹은 개

반찬을 훔쳐 먹은 개가 꼼짝 못하고 혼이 나듯이, 모진 구박을 받아도 아무런 대항을 하지 못하는 불쌍한 처지를 이름.

ㅂ

반편이 명산 폐묘한다

못난 것이 명산을 모르고 묘를 없앤다는 뜻으로, 못난 사람이 괜한 상관을 하다가 오히려 일을 그르치게 되는 경우를 이름.

받아 놓은 밥상

일이 확실하여 틀림이 없음.

비 떼어 놓은 당상

발가락의 티눈만큼도 안 여긴다

ㅂ

남을 몹시 무시하고 업신여긴다는 말.

발 없는 말이 천 리 간다

말은 순식간에 퍼져 나가니 말조심하라는 말.

➡ Words and feathers the wind carries away.
➡ Words have wings, and cannot be recalled.

밤새도록 통곡해도 어느 마누라 초상인지 모른다

어떤 일을 하면서도 영문이나 내용을 모르고 무작정 참여하는 사람을 비웃는 말.

비 밤새도록 울다가 누가 죽었느냐고 한다

밤 잔 원수 없고 날 샌 은혜 없다

은혜나 원한이라는 감정은 쉬이 잊혀짐을 이름.

밥 먹을 때는 개도 안 때린다

음식을 먹고 있을 때에는 혼을 내지 말라는 말.

ㅂ

밥 아니 먹어도 배부르다

기쁜 일이 있어 기분이 좋고 마음이 흡족하다는 말.

방에 가면 더 먹을까 부엌에 가면 더 먹을까

남보다 더 많은 음식을 먹으려고 방으로 들어갈까 부엌으로 들어갈까를 따져 본다는 뜻으로, 어느 쪽이 더 자기에게 유리할까 고민한다는 말.

비 이 장떡이 큰가 저 장떡이 큰가

밥은 열 곳에 가 먹어도 잠은 한 곳에서 자랬다

사람은 거처가 일정해야 한다는 말.

방귀가 잦으면 똥 싸기 쉽다

어떤 일이든 징조가 있으면 실제로 그 일이 일어나기 쉽다는 말.

방귀 뀐 놈이 성낸다

ㅂ

잘못은 자기가 저질러 놓고 오히려 남에게 화를 내는 사람을 비꼬는 말.

비 똥 싸고 성낸다

방바닥에서 낙상한다

①안전한 곳에서 생각지도 못한 실수를 하게 됨.
②어렵지 않은 일이라고 해서 안심하고 있다가는 실수를 할 수 있으니 항상 조심하라는 말.

비 장판방에서 자빠진다

• 낙상 : 넘어지거나 떨어져서 다침.

방 보아 똥 싼다

사람의 지위를 따져 보고 대우를 달리 한다는 말.

배고픈 놈더러 요기시키란다

제 앞가림도 하지 못하는 사람에게 되지도 않을 것을 요구한다는 말.

• 요기 : 시장기를 겨우 면할 정도로 조금 먹음.

배꼽에 어루쇠를 붙인 것 같다

속까지 환히 비추어 본다는 뜻으로, 눈치가 빠르고 경우가 밝아 남의 속을 훤히 알아차린다는 말.

• 어루쇠 : 구리 같은 쇠붙이로 만든 거울.

배 먹고 이 닦기

배를 먹으면 이까지 깨끗하게 닦아진다는 뜻으로, 한 가지 일로 두 가지 이로움을 얻을 때 쓰는 말.

비 일석이조(一石二鳥) 비 도랑 치고 가재 잡고

배보다 배꼽이 더 크다

마땅히 커야 할 것이 작고 작아야 할 것이 크다는 뜻으로, 주된 것보다 딸린 것이 더 크다는 말.

비 눈보다 동자가 크다 비 발보다 발가락이 크다

ㅂ

ㅂ

배부르고 등 따습다

잘 입고 잘 먹는다는 뜻으로, 생활이 넉넉함.

배부른 고양이는 쥐를 잡지 않는다

없는 사람은 부지런을 떨지만 부유한 사람은 게으름을 피운다는 말.

비 배부른 매는 사냥을 않는다

배 썩은 것은 딸 주고 밤 썩은 것은 며느리 준다

썩어도 어느 정도 먹을 것이 있는 배는 딸을 주고 먹을 것이 전혀 없는 썩은 밤은 며느리를 준다는 말로, 며느리보다는 딸을 더 아낀다는 말.

배운 도둑질 같다

어떤 일이 버릇이 되어 자꾸 하게 된다는 말.

배 주고 속 빌어먹는다

큰 이익은 남에게 빼앗기고 자기는 거기서 조그만 이익만 얻는다는 말.

배지 아니한 아이를 낳으라 한다

없는 것을 내놓으라고 무리한 요구를 함.

백 번 듣는 것이 한 번 보는 것만 못하다

여러 번 말로만 듣는 것보다는 직접 보는 것이 정확하다는 말. =백문(百聞)이 불여일견(不如一見)

Seeing is believing.

백옥이 진토에 묻힌다

훌륭한 인물이 때를 만나지 못해 재능을 드러내지 못하고 불우하게 산다는 말.

- 백옥 : 흰 빛깔의 옥. 흰 구슬.
- 진토 : 티끌과 흙.

백지장도 맞들면 낫다

아무리 쉬운 일이라도 힘을 합해 서로 도우면 훨씬 더 쉽게 할 수 있다는 말.

- 백지장 : 하얀 종이의 낱장.

Two heads are better than one.

ㅂ

뱁새가 황새를 따라가면 다리가 찢어진다

자신의 능력은 생각지 않고 힘에 겨운 일을 억지로 하게 되면 도리어 큰 화를 당한다는 말.

- 뱁새 : 휘파람샛과의 새로 등은 붉은 갈색, 배는 누런 갈색임. 붉은머리오목눈이.
- 황새 : 다리가 길고 발에 물갈퀴가 있어 물 위를 잘 걷는 황새과의 새.

ㅂ

황새

뱃가죽이 땅 두께 같다

뱃가죽이 두껍다는 뜻으로, 염치가 없고 배짱이 셈을 이름.

뱃놈 배 둘러대듯

말을 잘 둘러대는 모양.

뱃놈의 개

도둑을 지킬 필요가 없는 개라는 뜻으로, 하는 일 없이 늘 놀고먹는 사람을 이름.

ㅂ

번갯불에 콩 볶아 먹겠다

①번갯불에 콩을 볶아서 먹을 정도로 빠르다는 뜻으로, 행동이 민첩하다는 말.
②어떤 일을 당장 해치우고자 하는 조급한 성격.

비 번갯불에 담배 붙이겠다

벌레 먹은 배추 잎 같다

얼굴에 검버섯이 피고 기미가 흉하게 퍼진 사람을 이르는 말.

벌에 쏘였나

①가만히 있지 못하고 몹시 촐랑거리며 날뜀.

②말대꾸도 없이 오자마자 바로 가 버리는 사람을 비꼬는 말.

범 본 여편네 창구멍을 틀어막듯

①범을 본 여편네가 범이 창구멍으로 들어올까 걱정하여 창구멍을 틀어막는다는 뜻으로, 임시변통으로 급하게 일을 처리하는 경우를 이름.
②허겁지겁 밥을 퍼먹는 모양.

• 범 : 호랑이.

범에게 날개

능력 있고 재주가 뛰어난 사람이 한층 더 좋은 조건을 갖게 되었음을 이름.

벙어리 냉가슴 앓듯

속상한 일이 있어도 남에게 말하지 못하고 혼자 괴로워하고 애태운다는 말.

벼룩도 낯짝이 있다

염치가 없고 뻔뻔한 사람을 가리켜 하는 말.

벼룩의 간을 내먹는다

①지나치게 인색한 사람.
②어려운 처지의 사람에게서 이익을 얻어내려 함.

벼르던 제사 물도 못 떠 놓는다

잘하려고 벼르던 일을 오히려 더 못하게 됨.

ㅂ

벼 이삭은 익을수록 고개를 숙인다

훌륭한 사람일수록 자만하지 않고 남 앞에서 자기를 내세우지 않는 겸손한 마음을 지니고 있다는 말.

비 병에 찬 물은 저어도 소리가 나지 않는다

병들어야 설움을 안다

직접 경험해 보지 않고서는
그 설움을 다 알 수 없다는 말.

병신 고운 데 없다

몸에 탈이 있는 사람은 마음도 바르지 못하다는 말.

비 병신 마음 좋은 사람 없다

ㅂ

병신 자식이 효도한다

아무 기대도 없이 대수롭지 않게 여기던 것이 오히려 더 도움이 됨을 이름.

병자년 까마귀 빈 뒷간 들여다보듯

무엇을 찾는 사람이 혹시나 하는 생각으로 여기저기 기웃거려 본다는 말.

병 주고 약 준다

일이 안되도록 방해하고 나서 다시 도와주는 척한다는 뜻으로, 교활하고 음흉한 사람을 이름.

비 등 치고 배 만진다

보기 좋은 떡이 먹기도 좋다

겉모양이 좋으면 내용도 좋다는 말.

보리밥에 고추장이 제격이다

무슨 일이든 격에 맞게 해야 좋다는 말.

보자 보자 하니까 얻어 온 장 한 번 더 뜬다

잘못된 것을 보고 참고 있으려니까 고치기는커녕 더욱더 못되게 군다는 말.

보지 못하는 소 멍에가 아홉

어떤 일을 해낼 능력이 없는 사람에게 과중한 책임을 지웠다는 말.

보채는 아이 밥 한 술 더 준다

무슨 일이든 보다 적극적으로 열심히 하려는 사람에게 더 잘해 주려는 마음이 생긴다는 말.

복날(에) 개 패듯

몹시 심하게 매질을 하는 모양.

볶은 콩에 싹이 날까

가능성이나 희망이 전혀 없다는 말.

비 볶은 콩에 꽃이 피랴

ㅂ

제비꽃

ㅂ

봄꽃도 한때

부귀영화도 한때뿐이어서 그때가 지나면 그만이라는 말.

비 열흘 붉은 꽃이 없다

봄 조개 가을 낙지

봄에는 조개, 가을에는 낙지가 제철이란 뜻으로, 다 제때를 만나야 제구실을 하게 된다는 말.

봇짐 내어 주며 앉아라 한다

속으로는 가기를 바라면서 겉으로는 붙잡는 척한다는 말.

봉당을 빌려 주니 안방까지 달란다

염치가 없는 사람을 일컫는 말.

• 봉당 : 안방과 건넌방 사이의 마루를 놓을 자리를 흙바닥 그대로 둔 곳.

➡ Give him an inch and he'll take ell.
★ell_옛 길이의 단위. 영국에서는 45인치.

ㅂ

봉사 기름값 물어 주기

봉사는 기름불을 밝힐 필요가 없어 기름값을 물어 줄 이유가 없다는 뜻으로, 전혀 관계없는 일에 억울하게 배상하는 경우를 이름.

봉사 단청 구경

사물의 참된 모습을 깨닫지 못한다는 말.

• 단청 : 집의 벽 · 기둥 · 천장 같은 데에 여러 가지 빛깔로 그린 그림이나 무늬.

봉사 문고리 잡기

어떤 일을 해낼 능력이 없는 사람이 어쩌다가 운 좋게 그 일을 해냈을 경우를 뜻함.

ㅂ

봉홧불에 산적 굽기

일을 너무 서둘러 좋은 결과를 내지 못함.

비 봉홧불에 김을 구워 먹는다

• 봉홧불 : 봉화(횃불과 연기로 소식을 전하던 예전의 통신 방법)로 드는 횃불.

부뚜막의 소금도 집어넣어야 짜다

아무리 손쉬운 일이라도 직접 나서서 힘을 들여 하지 않으면 이루어질 수 없다는 말.

➡ No mill, no meal.

부부 싸움은 칼로 물 베기

칼로 물을 베어 봤자 다시 합하여진다는 뜻으로, 부부는 싸움을 해도 화합하기 쉽다는 말.

비 내외간 싸움은 개싸움

부잣집 가운데 자식 (같다)

흔히 부잣집 둘째 아들은 놀며 지낸다는 데서, 일하지 않고 놀고먹는 사람을 뜻함.

부잣집 외상보다 비렁뱅이 맞돈이 낫다

장사에는 아무리 신용이 있다 하여도 맞돈만은 못하다는 말. • 비렁뱅이 : 거지를 속되게 이르는 말.

부지런한 부자는 하늘도 못 막는다

부지런히 일하는 사람은 반드시 부자가 된다는 말.

ㅂ

부처님 가운데[허리] 토막

마음이 어질고 순한 사람을 이르는 말.

북두칠성이 앵돌아졌다

일이 틀어져 낭패가 되었다는 말.

북어 뜯고 손가락 빤다

당치도 않은 데서 이익을 보려고 하고서는 아쉬워한다는 말.

북은 칠수록 소리가 난다

하면 할수록 손해만 커진다는 말.

분에 심어 놓으면 못된 풀도 화초라 한다

못난 사람도 좋은 지위에 있으면 잘나 보인다는 말.

• 분 : 흙을 담아 화초나 나무를 심는 그릇.

불난 데 부채질한다

ㅂ

남의 재앙을 더 크게 만들거나 화난 사람을 더 화나게 만든다는 말.

비 끓는 국에 국자 휘젓는다

불면 꺼질까 쥐면 터질까

어린 자녀를 애지중지하며 기르는 어버이의 애틋한 사랑을 이르는 말.

비는 데는 무쇠도 녹는다

진심으로 잘못을 뉘우치고 사과하면 아무리 완고한 사람이라도 용서한다는 말.

• 무쇠 : 1.7% 이상의 탄소를 포함한 철 합금.

비단보에 개똥

겉은 그럴듯하나 속은 흉하고 추잡하다는 말.

비단옷 입고 밤길 가기

비단옷을 입고 어두운 밤길을 걸으면 아무도 알아주지 않는다는 뜻으로, 애를 쓰고도 보람이 없는 경우를 이름.

비를 드니까 마당을 쓸라 한다

스스로 어떤 일을 하려고 하는데 남이 그 일을 시켜 흥이 나지 않는다는 말.

비 온 뒤에 땅이 굳어진다

시련을 겪은 후에 한층 더 강해진다는 말.

빈대도 낯짝[콧등]이 있다

너무 염치없는 사람을 나무라는 말.

비 족제비도 낯짝이 있다

빈대 잡으려고 초가삼간 태운다

손해를 크게 입을 것을 생각하지 않고 그저 자기에게 마땅치 않은 것을 없애려 덤빈다는 말.

▶ To burn one's house to get rid of the mice.

빈 수레가[달구지가] 요란하다

실속 없는 사람이 겉으로 더 떠들어댄다는 말.

비 속이 빈 깡통이 소리만 요란하다

ㅂ

▶ Empty vessels make the most sound.
▶ Still waters run deep.

빛 좋은 개살구

개살구는 겉으로만 번지르르하고 맛은 없다는 뜻에서, 겉모양은 그럴듯하나 실속이 없다는 말로 쓰임.

뿔 뺀 쇠 상이라

소의 뿔을 빼 버렸다는 말로, 지위는 있지만 세력이 없음을 이름.

핵심정리
속담 뱅크
ㅅ

사공이 많으면 배가 산으로 간다

어떤 일을 주관하는 사람 없이 여러 사람이 자기 주장만 내세우면 일을 망치기 쉽다는 말.

- A pot that belongs to many is ill stirred and worse boiled.
- Too many cooks spoil the broth.

ㅅ

사나운 개 콧등 아물 틈이 없다

싸우기 좋아하는 사람은 계속 싸움만 하므로 상처가 나을 틈이 없음을 이름.

사냥 가는 데 총 놓고 간다

어떤 일을 함에 있어 가장 중요한 물건을 빠뜨리고 간다는 말.

비 장가들러 가는 놈이 불알 떼어 놓고 간다

사돈 남 나무란다

같은 잘못을 해 놓고, 제 잘못은 제쳐 두고 남의 잘못만 들춰 나무란다는 말.

ㅅ

사돈네 안방 같다

어렵고 조심스러워 불편하다는 말.

비 만만찮기는 사돈집 안방

사돈집과 뒷간은 멀수록 좋다

사돈집이 가까이 있으면 말이 나돌아 말썽이 일어나기 쉽고 뒷간(변소)이 가까우면 냄새가 나서 멀리 떨어져 있을수록 좋다는 말.

➡ Good fences make good neighbors.

사돈집 잔치에 감 놓아라 배 놓아라 한다

상관없는 사람이 남의 일에 끼어든다는 말.

사또 떠난 뒤에 나팔 분다

해야 할 일을 해야 할 때는 안 하다가 뒤늦게 함을 놀리는 말.

ㅅ

사람과 산은 멀리서 보는 게 낫다

사람을 멀리서만 보면 그 결점이 보이지 않지만 가까이서 사귀면 그 사람의 결점까지 다 알게 되므로 실망하게 된다는 말.

사람은 죽으면 이름을 남기고 범은 죽으면 가죽을 남긴다

호랑이가 죽으면 가죽을 남기듯이 사람이 죽으면 생전에 쌓은 공으로 명예를 남기게 된다는 뜻으로, 생전에 보람 있는 일을 해 놓아 후세에 명예를 떨치는 것이 인생의 궁극적인 목적이라는 말.
=호사유피인사유명(虎死留皮人死留名)

사람의 마음은 하루에도 열두 번

사람의 마음은 변하기 쉽다는 말.

사람의 새끼는 서울로 보내고 마소 새끼는 시골로 보내라

사람은 넓고 큰 곳에서 자라야 견문도 넓어지고 출세할 기회도 많다는 말.

• 마소 : 말과 소.

사십에 첫 버선

나이가 많이 들어서야 처음으로 하고 싶은 일을 하게 되었다는 말.

사위는 백 년 손이요 며느리는 종신 식구라

사위와 며느리는 남의 자식으로서 둘 다 자식뻘이 되었으나, 며느리는 제집 식구처럼 되는 반면 사위는 영원한 손님처럼 여겨진다는 말.

• 종신 : 죽을 때까지의 동안.

ㅅ

사잣밥을 싸 가지고 다닌다

언제 어디서 죽을지 모를 위험한 처지라는 말.

• 사잣밥 : 초상집에서 죽은 이의 넋을 부를 때 저승사자에게 대접하는 밥.

사촌이 땅을 사면 배가 아프다

남이 잘되는 것을 질투하고 시기하는 경우를 이름.

ㅅ

사후 술 석 잔 말고 생전에 한 잔 술이 달다

①살아 있는 동안에 잘 대접하라는 말.
②눈앞의 문제를 해결하는 것이 일이 다 틀어진 후에 쓸데없이 애쓰는 것보다 낫다는 말.

사후 약방문[청심환]

사람이 죽고 난 다음에 약을 구한다는 뜻으로, 때를 맞추지 못하고 일이 잘못된 후에야 뒤늦게 애를 쓴다는 말.

비 소 잃고 외양간 고친다

사흘 굶어 도둑질 아니할 놈 없다

아무리 착한 사람이라도 몹시 궁핍해지면 옳지 못한 짓을 하게 된다는 말.

비 열흘 굶어 군자 없다

➡ Necessity knows no law.

산 개 새끼가 죽은 정승보다 낫다

아무리 구차하더라도 살아 있는 것이 죽은 것보다는 낫다는 말.

• 정승 : 영의정 · 우의정 · 좌의정을 통틀어 이르는 말.

산 닭 길들이기는 사람마다 어렵다

제멋대로 행동하는 사람을 교육하기는 몹시 어려움.

비 생마 잡아 길들이기

산 입에 거미줄 치랴

아무리 살림이 어려워도 그럭저럭 먹고 살 수는 있다는 말.

비 사람이 굶어 죽으란 법은 없다

산 밖에 난 범이요 물 밖에 난 고기라

①의지할 곳을 잃어 꼼짝도 못하게 된 상황.
②자기 능력을 발휘할 수 없는 처지에 있음.

산소 등에 꽃이 피었다

자손이 번성하고 귀하게 되었다는 말.

산이 높아야 골이 깊다

사람의 됨됨이가 훌륭해야
품은 포부도 크고 깊다는 말.

산 호랑이 눈썹 (찾는다)

살아 있는 호랑이 눈썹을 찾는다는 뜻으로, 불가능한 것을 얻으려 함을 이름.

호랑이(백호)

살갑기는 평양 나막신

붙임성이 있고 사근사근한 성격을 지녔다는 말.

• 나막신 : 나무를 파서 만든 신. 진 땅을 걸을 때 주로 쓰임.

살림에는 눈이 보배라

살림을 잘 꾸려 가려면 눈썰미가 있어야 한다는 말.

삼밭에 쑥대

쑥이 삼과 함께 자라면 삼처럼 곧아진다는 뜻으로, 좋은 환경에서 자란 사람은 좋은 영향을 받아 행실이 단정해진다는 말.

• 삼 : 뽕나뭇과의 한해살이풀로 삼베의 재료. 마. 대마.

삼십육계 줄행랑이 제일

위험할 때에는 다른 대책을 세우는 것보다 우선 도망치는 것이 상책이라는 말.

비 달아나면 이밥 준다

상제보다 복재기가 더 설워한다

그 일에 직접 관계가 있는 사람보다 다른 사람이 더

ㅅ

걱정한다는 말.

• 상제 : 부모나 조부모의 상중(喪中)에 있는 사람.

상주 보고 제삿날 다툰다

누구보다 그 일에 대해 잘 알고 있는 사람을 상대로 제 의견을 고집한다는 말.

ㅅ

상추 밭에 똥 싼 개는 저 개 저 개 한다

한 번 잘못을 저지르다 들킨 사람은 나쁜 일이 드러날 때마다 의심을 받는다는 말.

상판대기가 꽹과리 같다

몹시 파렴치한 사람을 이르는 말.

• 상판대기 : '얼굴'을 속되게 이르는 말.

새 까먹은 소리

새가 까먹고 난 낟알의 빈 껍질 같은 소리라는 뜻으로, 근거 없는 말을 듣고 퍼뜨린 헛소문을 이름.

새도 가지를 가려서 앉는다

친구를 사귀거나 직업을 선택함에 있어 신중하게 잘 가려서 택하라는 말.

A bird like the phoenix choses its tree to alight on.

새 발의 피

하찮은 일이나 아주 적은 분량을 뜻함.
=조족지혈(鳥足之血)

새벽달 보려고 으스름달 안 보랴

새벽달을 보려고 초저녁달을 안 보겠느냐는 뜻으로, 앞으로 있을지 모를 불확실한 일을 기다리기보다는 지금 당장 닥친 일에 힘써야 한다는 말.

새벽달 보자고 초저녁부터 기다린다

새벽에 뜰 달을 보자고 너무 이른 초저녁부터 나가서 기다린다는 뜻으로, 일을 너무 서두르는 경우에 쓰임.

새벽 봉창 두들긴다

너무나도 뜻밖의 말이나 일을 불쑥 내미는 경우.

• 봉창 : 벽을 뚫어 작은 구멍을 내고 창틀 없이 안쪽으로 종이를 발라 봉한 창.

새벽 호랑이다

활동할 때를 잃은 호랑이라는 뜻으로, 세력을 잃고 물러나게 된 신세를 이르는 말.

ㅅ

새우 싸움에 고래 등 터진다

아랫사람이 저지른 일로 윗사람이 해를 입음.

반 고래 싸움에 새우 등 터진다

생일날 잘 먹으려고 이레를 굶는다

불확실한 일에 미리부터 지나치게 기대한다는 말.

서당 개 삼 년에 풍월을 읊는다

어떤 분야에 지식과 경험이 전혀 없는 사람일지라

도 오랫동안 그 방면에 있으면 얼마간의 지식과 경험을 갖게 된다는 말. =당구풍월(堂狗風月)

비 독서당 대가 맹자 왈 한다

- 풍월(風月): 음풍농월(吟風弄月)의 준말. 시 따위로 자연을 노래하며 놂.

서울 가서 김 서방 찾기

주소도 모른 채 김 서방을 찾는다는 말로, 무턱대고 막연하게 사람을 찾아가는 경우를 이름.

ㅅ

서투른 무당이 장구만 나무란다

능력이 부족한 사람이 자기의 능력은 모르고 도구나 조건이 나쁘다고 탓한다는 말.

비 선무당이 장구 탓한다

비 국수를 못하는 년이 피나무 안반만 나무란다

➡ A bad workman always blames his tools.

석수장이 눈깜작이부터 배운다

석수장이가 돌 쪼는 기술보다 돌가루가 눈에 들어갈까 봐 눈을 깜작거리는 것부터 배운다는 뜻으로,

어떤 일을 내용보다 형식부터 배우는 것을 이름.

석 자 베를 짜도 베틀 벌이기는 일반

많은 일이든 적은 일이든 준비를 해야 함은 마찬가지라는 말.

선떡 가지고 친정에 간다

ㅅ

변변치 못한 선물을 한다는 말.

• 선떡 : 덜 익은 떡.

선무당이 사람 잡는다

일에 익숙하지 못한 사람이 함부로 하다가 일을 그르친다는 말. • 선무당 : 아직 서툴러 굿을 잘하지 못하는 무당.

➡ A little learning is a dangerous thing.

섣달이 둘[열아홉]이라도 시원치 않다

아무리 시일을 연기하더라도 일이 이루어지기를 기대하기 어렵다는 말.

• 섣달 : 음력으로 한 해의 마지막 달.

설마가 사람 죽인다[잡는다]

설마 그럴 리야 없겠지 하고 방심을 하는 데서 탈이 난다는 뜻으로, 있을 수 있는 모든 일을 미리 예방해야 한다는 말.

섬 진 놈 멱 진 놈

여러 방면에서 모여든 탐탁지 못한 사람들을 이름.

- 섬 : 곡식을 담는, 짚으로 엮은 그릇.
- 멱 : 짚으로 촘촘히 결어서 만든, 곡식을 담는 그릇. 멱서리.

ㅅ

섶을 지고 불로 들어가려 한다

화를 부르는 어리석은 일을 한다는 뜻.

- 섶 : 땔나무를 통틀어 이름.

세 사람만 우겨 대면 없는 호랑이도 만들어 낼 수 있다

①여럿이 힘을 모으면 안 되는 일이 없다는 말.
②여럿이 떠들어 소문내면 사실이 아닌 것도 사실처럼 된다는 말.

세 살 먹은 아이 말도 귀담아들으랬다

어린이가 하는 말이라도 옳은 말이라면 귀담아들어야 한다는 뜻으로, 남이 하는 말은 신중하게 잘 들어야 한다는 말.

비 업은 자식에게 배운다

세 살 적 버릇이 여든까지 간다

ㅅ

어릴 적 버릇은 늙어 죽을 때까지 고치기가 힘든 법이므로, 어릴 때부터 나쁜 버릇이 들지 않도록 잘 가르쳐야 한다는 말.

비 어릴 적 버릇은 늙어서까지 간다

- What is learned in the cradle is carried to the grave.
- Custom is another nature.

세월은 사람을 기다려 주지 않는다

시간을 중히 여기고 아껴서, 할 수 있을 때 부지런히 힘쓰라는 말.

- Time and tide wait for no man.
- Time and tide tarry for no man.

세월이 약

크게 가슴 아프고 슬펐던 일도 시간이 흐르면 자연히 잊혀지게 마련이라는 말.

➡ Time is the great healer. ★healer_치유자

세 치 혀가 사람 잡는다

말을 함부로 해서는 안 된다는 말.

ㅅ

소가 크면[세면] 왕 노릇 하나

아무리 소가 커도 왕 노릇은 못한다는 뜻으로, 힘이 세다고 해서 큰일을 할 수 있는 것은 아니며, 사람에게는 무엇보다도 지혜가 있어야 한다는 말.

ㅅ

소같이 벌어서 쥐같이 먹어라

일을 열심히 해서 돈을 많이 벌되, 생활은 검소하게 하라는 말.

소경 개천 나무란다

개천에 빠진 소경이 자기의 결함은 생각지 않고 개천만 나무란다는 뜻으로, 자기의 잘못은 모르고 남만 탓하는 경우에 쓰임.

• 소경 : 눈이 멀어 못 보는 사람.

소경 잠자나 마나

일을 하나 마나 별 차이가 없다는 말.

비 곱사등이 짐 지나 마나
비 귀머거리 귀 있으나 마나

소경 제 닭 잡아먹기

횡재라고 좋아한 것이 사실은 자기에게 손해가 되거나 아무 이익이 없는 일이었다는 말.

비 소경 제 호박 따기

ㅅ

소경 파밭 두드리듯[매듯]

일을 함부로 하여 오히려 어지럽게 만들어 놓는 경우를 이름.

소금도 없이 간 내먹다

①준비나 밑천도 없이 큰 이익을 보려 함.
②매우 인색하다는 말.

소금 먹은 놈이 물 켠다

어떤 일이든 이유가 있기 마련이라는 말.

비 먹은 놈이 똥을 눈다

소금 섬을 물로 끌라고 해도 끈다

아무 생각 없이 남이 시키는 대로 맹목적으로 함.

소금에 아니 전 놈이 장에 절까

큰 것에도 굴하지 않은 사람이 그보다 더 작은 것에 견디지 못할 리가 없다는 말.

ㅅ

소금으로 장을 담근다 해도 곧이듣지 않는다

원래 거짓말을 잘하기 때문에 바른말을 해도 믿을 수가 없다는 말.

소금이 쉴까

매우 믿음성이 있는 사람이나, 어떤 일에도 굽히지 않는 사람을 이름.

소나기 삼 형제

소나기는 일반적으로
세 줄기로 쏟아진다는 말.

소년 고생은 사서 하랬다

젊었을 때 고생은 좋은 경험이 된다는 말.

• 소년 : 少年. 성인이 되지 않은 젊은 시절을 이름.

소 닭 보듯 (닭 소 보듯)

서로 무심하게 보는 모양. 비 개 닭 보듯

소더러 한 말은 안 나도 처(妻)더러 한 말은 난다

다정한 사이라도 말은 조심히 가려 해야 한다는 말.

소도 언덕이 있어야 비빈다

의지할 곳이 있어야 무슨 일이든 할 수 있다는 말.

비 도깨비도 수풀이 있어야 모인다

소 뒷걸음질 치다 쥐 잡기

소가 뒷걸음질을 치다가 공교롭게 쥐를 잡게 되었다는 뜻으로, 우연히 공을 세웠음을 이름.

➡ The net of the sleeper catches fish.

ㅅ

소문난 잔치에 먹을 것 없다

크게 기대한 것에 비해 내용이 보잘것없다는 말.

비 소문난 물산(物產)이 더 안되었다

➡ Great boast and small roast.

소 잃고 외양간 고친다

소를 도둑맞은 뒤에 외양간을 고친다는 뜻으로, 일을 그르친 후에는 아무리 손을 써도 소용이 없다는 말. =망양보뢰(亡羊補牢)

비 도둑맞고 사립 고친다 비 사후 약방문

➡ It is too late to lock the stable when the horse is stolen.

소장의 혀

언변이 매우 빼어남을 뜻함. 중국 전국 시대 소진, 장의라는 두 인물이 말재주가 뛰어난 데서 유래.

속 빈 강정

겉만 그럴듯하고 아무런 실속이 없다는 말.

비 사탕붕어의 겅둥겅둥이라

손가락에 장을 지지겠다

①어떤 일에 대해 상대가 도저히 할 수 없을 것이라고 장담할 때 하는 말.
②자기의 주장이 틀림없다고 장담하는 말.

비 손가락에 불을 지르고 하늘에 오른다

ㅅ

손에 붙은 밥 아니 먹을까

손에 붙은 밥풀을 안 먹을 사람이 없다는 뜻으로, 자기 손에 저절로 굴러 들어온 행운을 가지지 않을 사람은 없다는 말.

손이 발이 되도록 빌다

허물이나 잘못을 용서해 달라고 간절히 빈다는 말.

손자 턱에 흰 수염 나겠다

무엇을 오래 기다리기 지루한 경우에 쓰임.

비 없는 손자 환갑 닥치겠다

손톱 밑에 가시 드는 줄은 알아도 염통 밑에 쉬스는 줄은 모른다

눈앞의 작은 일은 알아도, 잘 드러나지 않는 큰일은 깨닫지 못한다는 말.

• 쉬슬다 : 파리가 알을 여기저기 낳다.

ㅅ

손톱 발톱이 젖혀지도록 벌어 먹인다

①어떤 사람을 위해 몹시 수고한다는 말.
②온 힘을 다해 가족을 부양한다는 말.

손톱 여물을 썰다

①어려운 일을 당하여 혼자서만 걱정하고 애쓴다는 말.
②음식 같은 것을 나누어 줄 때 아끼어 조금씩 주는 모양.

• 여물 : 말린 짚을 썬, 소나 말의 먹이.

솔개 까치집 뺏듯

힘을 이용해서 남의 것을 강제로 빼앗는 것을 이름.

솔개를 매로 보았다

못 쓸 것을 쓸 만한 것으로 잘못 보았다는 말.

솔 심어 정자라

어떤 일을 시작하여 성취할 때까지는 너무도 오랜 시간이 걸린다는 말.

• 솔 : 소나무.

ㅅ

솜뭉치로 가슴을 칠 일이다

아무리 쳐도 시원해지지 않을 솜뭉치로 가슴을 칠 일이라는 뜻으로, 몹시 원통하다는 말.

비 담뱃대로 가슴을 찌를 노릇

송곳도 끝부터 들어간다

일이란 순서가 있다는 말.

송곳니가 방석니가 된다

뾰족한 송곳니가 납작해질 만큼 이를 간다는 말로, 몹시 답답하고 원통한 심경이라는 말.

송도 말년의 불가사리라

행패가 몹시 심한 못된 사람을 이르는 말. 고려 때 송도(개성)에 '불가사리'라는 괴물이 나타나 나쁜 짓을 많이 했으나 죽이지 못했다는 데서 유래.

송도 오이 장수

헛수고만 하고 낭패를 보게 된 사람을 이름. 송도의 오이 장수가 가는 곳마다 시세가 떨어져 다시 되돌아왔을 때에는 오이가 썩어 쓸 수 없어졌다는 이야기에서 유래.

ㅅ

송충이가 갈잎을 먹으면 떨어진다

분수에 넘치는 짓을 하면 낭패를 본다는 말.

송충이는 솔잎을 먹어야 한다

제 분수에 맞게 행동해야 함을 이름.

송편으로 목을 따 죽지

뾰족하지도 않은 송편으로 목을 딸 노릇이라는 뜻

으로, 몹시 원통하고 억울하다는 말.

비 거미줄에 목을 맨다

솥 떼어 놓고 삼 년이라

이사 갈 준비를 한 지가 삼 년이나 되었다는 뜻으로, 오랫동안 망설이며 결정하지 못한다는 말.

ㅅ

솥에 넣은 팥이라도 익어야 먹지

무슨 일이든 반드시 거쳐야 할 절차가 있음에도 그것을 무시하고 너무 급히 서두르다 보면 일이 제대로 안 된다는 말.

솥은 부엌에 걸고 절구는 헛간에 놓아라 한다

누구나 다 알고 있는 사실을 특별히 자기만 아는 체하며 가르치려 드는 사람을 비웃는 말.

쇠고집과 닭고집이다

고집이 무척 세다는 말.

쇠귀에 경 읽기

아무리 가르치고 일러 주어도 알아듣지 못해 답답하다는 말. =우이독경(牛耳讀經)

비 말 귀에 염불

Talk to the wall.

쇠뿔도 단김에 빼랬다

일을 하려고 생각했으면 망설이지 말고 주저 없이 행동으로 옮기라는 말.

비 단김에 소뿔 빼듯

Strike while the iron is hot.

수구문 차례라

①이전 한양성 안에서 주검을 성 밖으로 내보내던 수구문을 통해 상여를 타고 나갈 차례가 되었다는 뜻으로, 늙고 병들어 죽을 때가 가까워졌다는 말. ②여럿이 술을 마실 때 술잔이 나이 많은 사람에게 먼저 돌아감을 우스갯소리로 이르는 말.

• 수구문 : 성벽 안의 물이 밖으로 흘러 빠지는 수구에 만든 문.

수박 겉핥기

수박의 겉만 핥고 있다는 뜻으로,
겉만 건드려 정작 속 내용은 모른다는 말.

비 꿀단지 겉핥기

수양딸로 며느리 삼는다

자기 편한 대로 아무렇게나 일을 처리하여 자기 이익만을 꾀하는 경우에 쓰임.

ㅅ

수염이 대 자라도 먹어야 양반이다

배가 불러야 체면도 차릴 수 있다는 말.

비 나룻이 석 자라도 먹어야 샌님

➡ The belly has no ears.

▶윤두서의 자화상 국보 제240호.
상투 위와 수염 아래쪽을 생략하고 얼굴만 그린 구도가 당시로서는 파격적이었다.

순풍에 돛을 달다

일이 의도한 대로 순조롭게
진행된다는 말.

술 받아 주고 뺨 맞는다

남을 잘 대접하고도 도리어 해를 입게 됨을 이름.

술에 술 탄 듯 물에 물 탄 듯

①말이나 행동이 분명하지 않다는 말.
②아무리 가공을 해도 본바탕은 변하지 않음.

ㅅ

술 익자 체 장수[장사] 간다

일이 공교롭게 잘 맞아떨어짐을 이름.

숭어가 뛰니까 망둥이도 뛴다

①다른 사람이 한다니까 덩달아 나선다는 말.
②제 분수는 생각하지 않고 훌륭한 사람을 덮어놓고 따라 함.

비 잉어 숭어가 오니 물고기라고 송사리도 온다

숲이 깊어야 도깨비가 나온다

제게 덕망이 있어야 사람들이 따른다는 말.

비 물이 깊어야 고기가 모인다 비 산이 깊어야 범이 있다

시거든 떫지나 말고 얽거든 검지나 말지

이모저모로 쓸모가 없는 사람을 이름.

시작이 반이다

무슨 일이든지 시작하기가 어렵다는 말.

➡ Well begun is half done.

시장이 반찬

허기질 때에는 반찬이 없어도 밥이 맛있다는 말.

➡ Hunger is the best sauce.

식칼이 제 자루를 못 깎는다

①자신의 일은 자신이 해결하기 어렵다는 말.
②자신의 허물은 자기가 고치기 어렵다는 말.

식혜 먹은 고양이 속

죄를 짓고 그것이 세상에 드러날까 걱정하는 마음을 뜻함.

◀바둑 두는 신선을 그린 민화

신선놀음에 도낏자루 썩는 줄 모른다

무척 재미있는 일에 정신이 팔려 시간 가는 줄 모른다는 말. 나무꾼이 신선들이 바둑 두는 것을 정신없이 보다가 제정신이 들어 보니 세월이 흘러 도낏자루가 다 썩었다는 데서 유래.

신 신고 발바닥 긁기

애를 써서 일을 하지만 요긴한 데까지 미치지 못해 안타까운 경우를 뜻함.

비 구두 신고 발등 긁기 비 옷 입고 가려운 데 긁기

심사가 꽁지벌레라

심보가 고약한 사람을 이르는 말.

• 꽁지벌레 : 왕파리의 애벌레. 꼬리가 길고 발이 없음.

심사는 좋아도 이웃집 불붙는 것 보고 좋아한다

평상시에는 좋은 사람이라도 사람은 흔히 남의 불행을 보고 좋아하기 마련이라는 말.

ㅅ

십년공부 도로 아미타불

오랫동안 애써 온 일이 하루아침에 허사가 됨.

십 년 묵은 체증이 내리다

어떤 일로 인해 불안한 마음이 없어지고 속이 후련해짐.

• 체증 : 체하여 소화가 잘 안되는 증세.

십 년이면 강산[산천]도 변한다

오랜 세월이 지나게 되면 무슨 일이든 변하지 않는 것이 없다는 말.

싱겁기는 고드름장아찌라

하는 말이나 일이 몹시 멋없고 싱거운 사람을 이르는 말.

• 고드름장아찌 : 고드름으로 장아찌를?
싱거운 게 당연.

싸움은 말리고 흥정은 붙이랬다

ㅅ

싸움 같은 나쁜 일은 말리고 흥정 같은 좋은 일은 권해야 한다는 말.

싼 게 비지떡

값이 싼 물건은 품질이 나쁘다는 말.

➡ That which is bought cheaply is the dearest.

쌀독에서 인심 난다

살림살이가 넉넉해야 남에게 베풀 수 있다는 말.

썩어도 준치

원래 값어치가 있는 것은 비록 상하더라도 그 본질

에는 변함이 없다는 말.

비 물어도 준치 썩어도 생치

• 준치 : 준칫과의 바닷물고기. 살에 가시가 많으나 맛이 매우 좋음.

쏘아 놓은 살이요 엎질러진 물이다

화살이 활을 떠나면 되돌릴 수 없고 물이 엎질러지면 주워 담을 수 없듯이 한번 저지른 일은 돌이킬 수 없다는 말.

비 쏟아진 물

쑨 죽이 밥 될까

일이 이미 글렀다는 말.

비 익은 밥이 날로 돌아갈 수 없다

쓴맛 단맛 다 보았다

세상의 온갖 괴로움과 즐거움을 다 겪었다는 말.

쓸개 빠진 놈

하는 짓이 줏대가 없고 정신을 제대로 차리지 못하

는 사람을 이름.

씨도둑은 못한다

①집안 내력은 아무리 해도 없앨 수 없다는 말.
②아비와 자식은 용모와 성질이 비슷하여 속일 수 없다는 말.

• 씨도둑 : 자기 집안의 모습, 전통이 아닌 남을 닮는다는 뜻.

ㅅ

➡ Of evil grain no good seed can come.

핵심정리
속담 뱅크
ㅇ

아끼다 똥 된다

물건이 아까워 붙들고만 있다가는 결국 쓸 시기를 놓치거나 잃어버려 후회하게 된다는 말.

아내가 귀여우면 처갓집 말뚝 보고도 절한다

①아내가 사랑스러우면 아내 주위의 보잘것없는 것들도 좋게 보인다는 말.
②한 가지가 좋아 보이면 그것과 관계있는 나머지 것들도 모두 좋아 보이게 된다는 말.

➡ Love me, love dog.

ㅇ

아는 것이 병

아는 것이 오히려 걱정거리가 된다는 말.
=식자우환(識字憂患)

아니 땐 굴뚝에 연기 날까

원인 없이는 결과가 있을 수 없다는 말.

비 아니 때린 장구 북소리 날까

비 뿌리 없는 나무에 잎이 필까

➡ No smoke without fire.
➡ There is no smoke without fire.

아닌 밤중에 홍두깨

예기치 못한 말을 불쑥 꺼내거나 별안간 엉뚱한 행동을 한다는 말.

비 어두운 밤에 주먹질

• 홍두깨 : 다듬이질을 할 때 쓰는, 단단한 나무로 만든 도구.

아닌 보살 하다

시치미를 딱 떼어 모르는 척한다는 말.

아랫돌 빼서 윗돌 괴고 윗돌 빼서 아랫돌 괴기

일이 몹시 급하여 우선 다급한 처지를 모면하기 위해 임시변통으로 이리저리 둘러맞춘다는 말.
=하석상대(下石上臺)

아이 싸움이 어른 싸움 된다

작은 일이 점점 큰일이 됨을 이름.

아저씨 못난 것 조카 장짐 지운다

되지 못한 사람이 조금이나마 높은 자리에 있다고 아랫사람을 부려 먹는 경우를 이름.

• 장짐 : 장에서 샀거나 팔 것을 꾸린 짐.

아주머니 떡[술]도 싸야 사 먹지

아무리 친해도 이해관계는 명백히 한다는 말.

아 해 다르고 어 해 다르다

같은 말이라도 어떻게 말하느냐에 따라 받아들이는 상대의 기분이 달라진다는 말.

악으로 모은 살림 악으로 망한다

나쁜 짓을 해서 모은 재산은 오래 가지 못하며, 되레 그 재산으로 인해 자신이 해를 입게 된다는 말.

➡ Ill gotten goods seldom prosper.

안다니 똥파리

잘 알지도 못하면서 아는 체하는 사람을 비웃는 말.

비 아는 걸 보니 소강절의 똥구멍에 움막 짓고 살았겠다

안되는 놈은 자빠져도 [뒤로 넘어져도] 코가 깨진다

운수가 사나운 사람은 보통 사람들에게 생기지 않는 당혹스러운 일까지 겪게 된다는 말.

안방에 가면 시어머니 말이 옳고 부엌에 가면 며느리 말이 옳다

어느 한쪽의 손을 들어 주기가 어렵다는 말.

비 방에서는 매부 말이 옳고 부엌에 가면 누이 말이 옳다

ㅇ

안벽 치고 밭벽 친다

①겉으로는 도와주는 척하고 속으로는 방해하는 경우. ②이쪽에서는 이렇게 말하고 저쪽에서는 저렇게 말하여 둘 사이를 이간질한다는 말.

안질에 고춧가루

서로 상극이라는 뜻으로, 같이 있으면 나쁜 영향을 끼치는 물건을 이름. • 안질 : '눈병'의 전문적인 말.

ㅇ

안질에 노랑 수건

가까이 두고 요긴하게 쓰는 물건이나 매우 친밀한 관계의 사람을 뜻함.

앉아 주고 서서 받는다

돈을 빌려 주기는 쉽지만 돌려받기는 어렵다는 말.

비 앉아 준 돈 서서도 못 받는다

앉을 자리 봐 가면서 앉으라

어떤 일을 하든 분별 있고 눈치 있게 하라는 말.

앓느니 죽지

그 일을 하기 싫어하는 남에게 억지로 떠맡겨서 시원하지 않게 일을 하느니보다는 당장에 힘이 들더라도 자기가 직접 하는 편이 낫다는 말.

앓던 이 빠진 것 같다

걱정을 끼치던 것이 없어져 후련하다는 말.

암탉이 울면 집안이 망한다

아내가 남편을 제쳐 두고 지나치게 설쳐 대면 집안일이 잘 안된다는 말.

➡ It is a sad house where the hen crows louder than the cock.

앞길이 구만 리 같다

아직 젊어서 장래가 아주 유망하다는 말.

앞집 처녀 믿다가 장가 못 간다

남이 생각지도 않는 일을 자기 혼자 성급하게 짐작

하고 있다가 낭패를 보는 경우를 이름.

야윈 말이 짐 탐한다

자기 능력은 생각지 않고 그 이상의 욕심을 냄.

약방에 감초

어디에나 빠짐없이 끼어드는 사람 또는 물건.

비 건재 약국에 백복령

• 감초 : 뿌리가 달아, 먹거나 약으로 씀. 다른 약의 기능을 순하게 함.

ㅇ

약빠른 고양이 밤눈이 어둡다

매우 영리해 실수가 없을 것 같은 사람도 부족한 점은 있다는 말.

약에 쓰려도 없다

어떤 것이 필요해서 애써 구하려고 해도 조금도 없다는 말.

비 눈에 약하려도 없다

얌전한 고양이 부뚜막에 먼저 올라간다

겉으로는 아무것도 못할 것같이 얌전하게 보이는 사람이 딴짓을 하거나 자기 실속을 다 차리는 경우.

• 부뚜막 : 아궁이 위의 솥을 걸어 놓는 편편한 언저리.

양반은 얼어 죽어도 겻불[짚불]은 안 쬔다

아무리 궁하거나 다급해도 체면이 깎이는 짓은 하지 않으려고 한다는 말.

• 겻불 : 겨를 태우는 불.

➡ Eagles don't catch flies.

ㅇ

어느 구름에서 비가 올지

언제 어떤 일이 생길지 미리 짐작할 수 없다는 말.

어느 장단에 춤추랴

한 가지 일에 참견하는 사람이 많아 누구의 말을 따라야 할지 알 수 없을 때 쓰임.

㉥ 그 장단 춤추기 어렵다

어두운 밤에 눈 깜짝이기

남이 보지 않을 때에 하는 일은, 아무도 알아주지 않아 보람이 없다는 말.

비 동무 몰래 양식 내기

비 절 모르고 시주하기

어디 개가 짖느냐 한다

다른 사람의 말을 들은 척도 하지 않는다는 말.

비 동네 개 짖는 소리(만 못하게 여긴다)

ㅇ

어물전 망신은 꼴뚜기가 시킨다

변변치 않은 사람의 못난 행동으로 같이 있는 동료까지 망신을 당한다는 말.

• 어물전 : 생선, 김 등의 어물을 전문으로 파는 가게.

비 과물전 망신은 모과가 시킨다

어미 잃은 송아지

의지할 곳이 없어진 사람을 이름.

어질병이 지랄병 된다

작은 병이 커져 고치기 어려운 큰 병이 된다는 말.

언 발에 오줌 누기

잠깐 동안 효력은 있으나 그 효력이 오래가지 못할 뿐 아니라 결국에는 사태가 더 나빠진다는 말.
=동족방뇨(凍足放尿)

언청이 아니면 일색

칭찬하는 척하면서 남의 결점을 비꼬는 말.

얻은 떡이 두레 반

수고 않고 여기저기서 조금씩 얻은 것이 애써서 만든 것보다 많음을 이름.

• 두레 : 둥근 켜로 된 덩어리를 세는 단위.

얼굴에 모닥불을 담아 붓듯

몹시 부끄러운 일을 당해 얼굴이 뜨겁게 달아오름.

업은 아이 삼 년 찾는다

어떤 것이 가까이 있는 것을 까맣게 모르고 먼 데서 계속 찾아 헤매는 경우를 이름.

엎드려 절 받기

상대방은 그럴 마음이 없는데 자기 스스로 여러 방법을 써서 대접을 받는 경우를 이름.

비 억지로 절 받기

ㅇ

엎어지면 코 닿을 데

앞으로 넘어지면 코가 닿을 정도로 매우 가까운 거리를 이름.

비 넘어지면 코 닿을 데

여든에 능참봉을 하니 한 달에 거둥이 스물아홉 번이라

①오랫동안 바라던 일을 이루었으나 실속이 없다는 말. ②운이 나쁘면 하는 일마다 낭패를 본다는 말.

• 능참봉 : 조선 시대에 능을 관리하는 일을 하던 벼슬.

여든에 이 앓는 소리

별로 신기할 것이 없는 의견을 뜻함.

여든에 첫 아이 비치듯

일이 순조롭지 않고 어렵게 진행된다는 말.

여럿이 가는 데 섞이면 병든 다리도 끌려 간다

여러 사람이 하자고 권하는 일은 어쩔 수 없이 하게 된다는 말.

여자가 한을 품으면 오뉴월에도 서리가 내린다

여자가 원한을 품으면 오뉴월에도 서리가 내릴 만큼 독하고 무섭다는 말.

여편네 팔자는 뒤웅박 팔자라

뒤웅박의 끈이 떨어지면 어쩔 수 없듯, 여자의 팔자

는 남편에게 매인 것이나 다름없음을 뜻함.

• 뒤웅박 : 쪼개지 않고 꼭지 근처에 구멍을 뚫어 속을 파낸 바가지.

역말도 갈아타면 낫다

같은 일만 하지 말고 이따금 다른 일도 하면 기분이 새로워지고 싫증이 나지 않는다는 말.

• 역말 : 조선 시대에 관부의 교통,
통신 수단으로 사용했던 말.

열 길 물속은 알아도 한 길 사람의 속은 모른다

사람의 마음을 알기는 무척 어려운 일이라는 말.

비 사람 속은 천 길 물속이라

열 번 찍어 아니 넘어가는 나무 없다

실패를 무릅쓰고 계속 노력한다면 해내지 못할 일이 없다는 말. =십벌지목(十伐之木)

➡ Little strokes fell great oaks.

열 손가락 깨물어 안 아픈 손가락이 없다

엄지손가락이든 새끼손가락이든 깨물면 하나같이 아프다는 뜻으로, 혈육은 모두 다 소중하다는 말.

비 다섯 손가락 깨물어서 아프지 않은 손가락이 없다

염불에는 맘이 없고 잿밥에만 맘이 있다

제가 해야 할 일은 열심히 하지 않으면서 잇속에만 마음이 있다는 말.

비 제사보다 젯밥에 정신이 있다

- 염불 : 부처를 생각하며 '나무 아미타불'을 외는 일.
- 잿밥 : 불공을 드릴 때, 부처 앞에 놓는 밥.

옆구리에 섬 찼나

지나치게 많이 먹는 사람을 조롱하는 말.

- 섬 : 짚으로 엮어 만든 곡식을 담는 그릇.

오뉴월 감기는 개도 아니 걸린다

여름에 감기 걸린 사람을 놀리는 말.

오뉴월 겻불도 쬐다 나면 서운하다

당장에 변변치 않게 생각되던 것이 막상 없어지고 나면 아쉽다는 말.

• 겻불 : 겨를 태우는 불. 불기운이 약함.

오뉴월 댑싸리 밑의 개 팔자

하는 일 없이 놀고먹는 팔자를 이르는 말.

비 싸리 밭에 개 팔자　비 풍년 개 팔자

• 댑싸리 : 줄기로 비를 만들기도 하는 명아줏과의 한해살이풀.

ㅇ

오는 말이 고와야 가는 말이 곱다

상대방이 자기에게 말이나 행동을 좋게 하면 자기도 상대방에게 좋게 대한다는 말.

비 오는 떡이 두터워야 가는 떡이 두텁다

➡ Scratch my back, and I'll scratch yours.
➡ Claw me, and I'll claw thee.

오다가다 옷깃만 스쳐도 전세의 인연이다

사소한 만남이라도 불가에서 말하는 전생의 인연에

서 비롯된다는 뜻. 살면서 만나는 여러 사람들과의 만남을 소중하게 여기라는 말.

• 전세 : 이 세상에 태어나기 이전의 세상. 전생.

오르지 못할 나무는 쳐다보지도 마라

분에 넘치는 일에 대해서는 처음부터 욕심을 내지 말라는 말.

오리 홰 탄 것 같다

있어야 할 곳이 아닌 엉뚱한 곳에 있다는 말.

• 홰 : 새나 닭이 올라앉을 수 있도록 가로지른 나무 막대.

오소리감투가 둘이다

한 가지 일에 주관하는 자가 둘이 있어 서로 다툰다는 말.

• 오소리감투 : 오소리의 털가죽으로 만든 벙거지.

옥에도 티가 있다

아무리 훌륭한 사람이나 좋은 물건에도 작은 흠은 있기 마련이라는 말.

옷은 새 옷이 좋고 사람은 옛 사람이 좋다

물건은 새것이 좋지만 사람은 오래 사귀어 정이 든 사람이 좋다는 말.

옷이 날개라

좋은 옷을 입으면 사람이 한층 돋보인다는 말.

- Fine clothes make the man.
- Fine feathers make fine birds.
- The tailor makes the man.

왕후장상이 씨가 있나

훌륭한 인물은 가문이나 혈통에 따른 것이 아니라 자신의 능력에 따라 나오는 것이라는 말.

• 왕후장상 : 제왕 · 제후 · 장수 · 재상을 통틀어 이르는 말.

• 만적의 난

고구려를 계승한다는 큰 뜻을 품고 왕건이 세운 고려는 중기에 이르자 무신이 문신을 누르고 집권하면서 큰 혼란에 빠졌다. 이 틈을 타 농민과 노예의 반란도 잇달아 일어났는데 그중 가장 대표적인 반란이 '만적의 난'이다.

최충헌의 노비였던 만적은 힘도 세고 지혜로운 사람으로 같은 노비들을 불러모아, 상전을 죽이고 노비 문서를 불태우기로 모의했다.

"왕후장상의 씨가 어찌 처음부터 따로 있겠느냐? 때가 오면 누구든지 힘을 가질 수 있다. 우리도 언제까지 상전에게 매를 맞으며 험한 일을 하고 있을 수는 없다."

그러나 율학 박사 한충유의 노비 순정이 밀고함으로써 만적의 노비 해방 운동은 수포로 돌아가고 만적 등은 죽음을 당했다.

외갓집 들어가듯

제 집에 들어가듯 거리낌 없이 쉽게 들어감을 이름.

외상이면 소도 잡아먹는다

지금 당장이 좋으면 뒷일은 생각하지 않고 무턱대고 행동한다는 말.

외손뼉이 소리 날까

외손뼉만으로는 소리가 나지 않는다는 뜻으로, 상대가 같이 응해 주어야 일이 어우러진다는 말.
=고장난명(孤掌難鳴)

비 외손뼉이 못 울고 한 다리로 가지 못한다

외톨밤이 벌레가 먹었다

①단 하나뿐인 소중한 물건에 흠집이 생겼다는 말.
②당연히 똑똑하고 분명해야 할 것이 그렇지 못하고 부실할 때에 이르는 말.

• 외톨밤 : 한 송이에 한 톨만 든 밤.

왼발 구르고 침 뱉는다

무슨 일이든 처음에는 앞장서지만 곧 꽁무니를 빼는 사람을 이름.

용 못 된 이무기

의리나 인정은 찾아볼 수 없고 심술만 남아 있음.

• 이무기 : 용이 되려다 못 되고 물속에 산다는 큰 구렁이.

우는 아이 젖 준다

무슨 일에 있어서나 자기가 요구해야 얻을 수 있다는 말.

우물 안 개구리

바깥세상의 형편을 알지 못하는 견문이 좁은 사람을 이름. =정저지와(井底之蛙)

ㅇ

우물에 가 숭늉 찾는다

성미가 급하여 일의 순서도 모르고 터무니없이 서두르고 재촉한다는 말.

비 콩밭에 가서 두부 찾는다

우물을 파도 한 우물을 파라

일을 이것저것 벌여 놓지 말고 어떤 일이든 한 가지 일을 끝까지 하라는 말.

우선 먹기는 곶감이 달다

앞일이 어떻게 되든간에 우선 좋은 것만 취하게 된다는 말.

울며 겨자 먹기

싫은 일을 마지못해 한다는 말.

울지 않는 아이 젖 주랴

보채고 조르고 해야 얻기 쉽다는 말.

ㅇ

움도 싹도 없다

①장래성이라고는 도무지 없음.
②사람이나 물건이 감쪽같이 없어져 간 곳을 모르겠다는 말.

• 움 : 풀이나 나무에 새로 나오는 싹.

웃고 사람 친다

겉으로는 잘해 주는 척하면서 실제로는 해롭게 함.

비 웃음 속에 칼이 있다

웃는 낯에 침 뱉으랴

잘 대해 주는 사람에게 나쁘게 대할 수 없다는 말.

비 웃는 낯에 침 못 뱉는다

➡ A soft answer turned away wrath.

원수는 외나무다리에서 만난다

①싫어하는 사람을 공교롭게도 피할 수 없는 곳에서 만난다는 말.
②남에게 잘못을 하면 그것에 대한 죄를 받을 때가 반드시 온다는 말.

ㅇ

원숭이도 나무에서 떨어진다

아무리 그 일에 익숙하고 잘하는 사람이라도 실수할 때가 있다는 말.

비 닭도 홰에서 떨어지는 날이 있다

➡ Even homer sometimes nods.
➡ A horse may stumble on four feet.

윗물이 맑아야 아랫물이 맑다

윗사람의 행동이 똑바르면 아랫사람도 따라서 잘하

게 된다는 말.

➡ If one sheep leap o'er the dyke, all the rest will follow.

육칠월 늦장마에 물 퍼내어 버리듯

끝이 없고 한이 없다는 말.

은행나무도 마주 서야 연다

은행나무의 수나무와 암나무가 서로 바라보고 서야 열매가 열린다는 뜻으로, 사람이 마주 보고 대해야 더 인연이 깊어진다는 말.

은혜를 원수로 갚는다

남에게 은혜로 보답하지는 못할망정 오히려 해를 끼친다는 말.

음지가 양지 되고 양지가 음지 된다

운이 나쁜 사람도 좋은 일이 생길 수 있고 운이 좋은 사람도 나쁜 일이 생길 수 있다는 뜻으로, 세상의 일은 늘 변하고 돌고 돈다는 말.

➡ Joy and sorrow are next door neighbors.

응달에도 햇빛 드는 날이 있다

어려운 처지에 있는 사람에게도 좋은 일이 생길 때가 있다는 말.

비 쥐구멍에도 볕 들 날이 있다

의붓아비 제삿날 물리듯

마음에 없는 일을 이 핑계 저 핑계 대며 자꾸 미룰 때 쓰는 말.

의붓자식 다루듯

대수롭지 않게 대하거나 차별한다는 말.

이래도 한세상 저래도 한세상

①어떻게 살든 한평생 사는 것은 마찬가지라는 말.
②한 번 살다 죽으면 그만이니 원만하게 살자는 말.

이불 속에서 활개 친다

남이 보지 않는 곳에서만 잘난 체하며 큰소리친다는 말.

이 아픈 날 콩밥 한다

어려운 지경에 있는데 그보다 더 어려운 일을 당하게 됨을 이름.

ㅇ

이야기 장단에 도낏자루 썩는다

이야기에 정신이 팔려 시간 가는 줄 모른다는 말.

이 없으면 잇몸으로 살지

이가 없으면 잇몸으로라도 음식을 먹으면 된다는 뜻으로, 어떤 것이 없더라도 그럭저럭 살아 나갈 수 있다는 말.

익은 밥 먹고 선소리한다

이치에 맞지 않는 소리를 싱겁게 하는 사람을 이름.

인간 만사는 새옹지마라

인간의 길흉화복은 변화가 많아서 예측하기 어렵다는 말.

• 만사 : 많은 여러 가지 일.

• 새옹지마(塞翁之馬)

중국 호(胡)라는 오랑캐 땅 가까이에 사는 한 노인의 말이 호의 땅으로 넘어갔다. 마을 사람들이 노인을 위로했지만 정작 노인은 태연하기만 했다.
얼마 후 그 말이 좋은 말 한 필을 데리고 돌아왔다. 사람들이 노인에게 축하의 말을 건넸으나 노인은 별로 기뻐하지 않았다.
얼마 후에 노인의 아들이 그 좋은 말을 타다 다리를 크게 다쳐 불구가 되었다. 마을 사람들이 이구동성으로 위로했으나 정작 노인은 태연했다.
얼마 후에 오랑캐가 노인이 사는 마을에 쳐들어왔다. 마을 청년들은 전쟁터에 나가 대부분 목숨을 잃었다. 그러나 불구가 된 몸이라 전쟁터에 나가지 못한 노인의 아들은 목숨을 부지했다.
'새옹지마'란 이 일에서 생겨난 말이다.

• 새옹(塞翁) : 변방의 노인이라는 뜻.

ㅇ

일각이 삼추 같다

아주 짧은 시간도 삼 년이 흐른 것같이 생각된다는 뜻으로, 기다리는 마음이 간절하다는 말.
=일각여삼추(一刻如三秋)

• 삼추(三秋): 세 해의 가을이란 뜻으로 3년의 세월 또는 긴 세월을 이름.

임도 보고 뽕도 딴다

한꺼번에 두 가지 이익을 얻었을 때 하는 말.

비 원도 보고 송사도 본다

입술에 침도 마르기 전에 돌아앉는다

서로 약속이나 다짐을 한 지 얼마 되지 않아서 태도를 바꾸는 경우를 이름.

입술이 없으면 이가 시리다

서로 밀접한 관계에 있어 하나가 망하면 다른 한쪽도 그 영향을 받아 망하게 되는 경우를 이름.
=순망치한(脣亡齒寒)

입에 맞는 떡

자기 마음에 꼭 드는 일이나 물건을 이름.

입에서 신물이 난다

어떤 것이 아주 지긋지긋하다는 말.

• 신물 : 먹은 것이 체하여 트림할 때 넘어오는 시큼한 물.

입에서 젖내가 난다

나이가 아직 어리다는 말. =구상유취(口尙乳臭)

ㅇ

입에 쓴 약이 병에는 좋다

자기에게 이로운 충고나 바른 말은 당장은 듣기 좋지 않지만, 그것을 받아들이면 자기 수양에 이롭다는 말. =양약고구(良藥苦口)

입은 비뚤어져도 말은 바로 하랬다

아무리 상황이 좋지 않더라도 말은 언제나 바르게 해야 한다는 말.

입이 열 개라도 할 말이 없다

큰 잘못을 저질러 변명의 여지가 없는 경우를 이름.

비 입이 광주리만 해도 말 못한다

입찬말은 묘 앞에 가서 하여라

자신을 지나치게 자랑하며 장담하는 것은 죽고 나서 하라는 뜻으로, 자기를 자랑하고 장담하지 말라는 말.

- 입찬말 : 자기의 지위나 배경을 믿고 지나치게 장담하는 말.

ㅇ

입추의 여지가 없다

송곳조차 세울 틈이 없다는 뜻으로, 많은 사람들이 꽉꽉 들어차 있다는 말.

핵심정리
속담 뱅크
ㅈ

자가사리 끓듯

사람들이 많이 모여 복작거림.

• 자가사리 : 우리나라 남부의 개울가에 사는 작은 민물고기.
네 쌍의 수염이 있고 입이 아래로 향해 있음.

자기 배 부르면 남의 배 고픈 줄 모른다

살아온 환경이나 조건이 다른 사람의 사정은 이해하기가 어렵다는 말.

자는 벌집 건드린다

가만히 두면 좋을 것을 공연히 건드려 말썽을 일으킨다는 말.

비 자는 범 코 찌르기

➡ Let sleeping dogs lie.

ㅈ

자던 아이 깨겠다

너무 터무니없는 말이라 자고 있던 아이도 놀라 깨겠다는 뜻으로, 쓸데없는 말로 일을 시끄럽게 만들지 말고 말조심하라는 말.

자라 보고 놀란 가슴 소댕[솥뚜껑] 보고 놀란다

어떤 일에 놀란 사람은 그와 비슷한 것만 보고도 겁을 낸다는 말.

비 불에 놀란 놈이 부지깽이[화젓가락]만 보아도 놀란다

- Birds once snared fear all bushes.
- He that has been bitten by a serpent is afraid of a rope.
- A burnt child dreads the fire.

자식 둔 골은 호랑이도 돌아본다

짐승도 제 새끼를 사랑하는데 사람은 더 말할 나위가 없다는 말.

ㅈ

자식을 길러 봐야 부모 사랑을 안다

어버이의 사랑은 그 끝을 가늠할 수 없을 정도로 깊고 두텁다는 말.

작은 고추가 더 맵다

겉모습은 작고 보잘것없어

보이지만 재주가 뛰어나고 야무진 사람을 이름.

비 고추보다 후추가 더 맵다

작은며느리 보고 나서 큰며느리 무던한 줄 안다

나중 사람을 겪어 봐야 비로소 먼저 사람의 좋은 점을 알게 된다는 말.

작은 부자는 노력이 만들고 큰 부자는 하늘이 만든다

작은 부자는 노력에 의해서도 가능하지만 큰 부자는 처음부터 타고나야 한다는 말.

작작 먹고 가는 똥 누어라

크게 욕심 부리지 말고 분수에 맞게 생활하라는 말.

비 몽글게 먹고 가늘게 싼다

잘 나가다 삼천포(三千浦)로 빠지다

이야기가 곁길로 빠지거나 어떤 일이 엉뚱한 방향으로 진행될 때 쓰임.

• 삼천포?

삼천포는 경상남도 남서쪽에 자리한 아름다운 항구 도시로 1995년에 사천시로 통합되었다.

위의 속담이 생겨난 유래는 세 가지 설이 있다.

예전에 어떤 장사꾼이 장사가 잘된다는 진주로 가려고 했는데 길을 잘못 들어서는 바람에 삼천포로 빠지게 되어 장사를 망치자 이렇게 말한 데서 생겼다는 것이다.

또 하나는 진해 해군 기지에서 복무하던 해군들 사이에서 생겨났다는 설이다. 휴가를 나갔다가 귀대하려면 삼랑진에서 진해행 기차로 갈아타야 하는데, 실수로 삼천포행 기차를 타 귀대 시간을 놓치는 바람에 곤욕을 치르곤 한 데서 생겼다는 설이다.

마지막 유래도 기차에 얽힌 것이다. 부산에서 진주로 가는 기차에는 삼천포로 가는 손님들도 같이 탄다. 도중의 개양역에서 진주와 삼천포로 나누어지므로 미리 진주행 손님은 몇 호 차, 삼천포행 손님은 몇 호 차로 옮겨 타라고 알려 준다. 이때 잠이 들거나 하여 진주로 갈 사람이 삼천포로 가게 되는 경우가 있었다. 여기서 위의 속담이 생겨났다는 설이다.

지금은 삼천포란 지명이 없어졌으니, 이젠 이 속담도 바뀌어야 하지 않을까? ㅋㅋㅋ

ㅈ

잘되면 제 탓 못되면 조상 탓

무슨 일이든 잘되면 제 공으로 돌리고 안되면 남의 탓을 한다는 말.

잠결에 남의 다리 긁는다

①자기를 위해 한 일이 남 좋은 일이 되었다는 말.
②남의 일을 자기의 일로 잘못 알고 하게 되는 경우를 이름.

비 남의 말에 안장 지운다 비 남의 발에 버선 신긴다

ㅈ

잠방이에 대님 치듯

군색한 일을 당하여 몹시 켕긴다는 말.

- 잠방이 : 가랑이가 무릎까지 오는 짧은 남자용 속바지.
- 대님 : 한복 바짓가랑이의 발목 부분을 매는 끈.

잠자코 있는 것이 무식을 면한다

아무 말도 하지 않으면 무식이 드러나지 않으므로, 잘 알지 못하면 나서지 않는 편이 낫다는 말.

장구를 쳐야 춤을 추지

어떤 일이든 옆에서 도와야 더 잘할 수 있다는 말.

장님 코끼리 말하듯

장님이 코끼리를 더듬어 보고 그 모양을 말하듯이, 일부분을 가지고 그것이 전체인 양 여긴다는 말.

코끼리

장마다 꼴뚜기[망둥이] 날까

①언제나 자기에게 좋은 기회만 있는 것은 아니라는 말.
②세상 물정이 변하는 것을 모르는 어리석음을 비웃는 말.

ㅈ

장미꽃에는 가시가 있다

겉으로는 좋고 훌륭하게 보이는 것도 남을 해롭게 할 수 있는 요소를 가지고 있어 잘못하면 피해를 입게 됨을 이름.

➡ Roses have thorns.

장부의 한 말이 천금같이 무겁다

장부의 말 한마디는 천금보다 무거운 가치를 지닌다는 뜻으로, 한번 한 약속은 꼭 지켜야 한다는 말.
=장부일언중천금(丈夫一言重千金)

ㅈ

장수가 나면 용마가 난다

일이 잘되려고 하니까 기회가 저절로 생긴다는 말.

비 장사 나면 용마 나고 문장 나면 명필 난다

• 용마(龍馬) : 썩 잘 달리는 훌륭한 말.

재떨이와 부자는 모일수록 더럽다

사람은 재물이 많으면 많아질수록 욕심만 늘어나고 인색해진다는 말.

재수 없는 놈은 (뒤로) 자빠져도 코가 깨진다

운이 없을 때는 모든 일이 잘 안 풀린다는 말.

(비) 재수 없는 포수는 곰을 잡아도 웅담이 없다

재주는 곰이 넘고 돈은 되놈이 받는다

수고한 사람은 따로 있는데, 그 대가는 다른 사람이 받는 경우를 이름.

• 되놈 : '중국 사람'을 낮춰 이르는 말.

➡ One beats the bush and another catches the birds.

저녁 굶은 시어미 상

못마땅하여 얼굴을 잔뜩 찌푸리고 있는 모양.

적게 먹으면 약주요 많이 먹으면 망주(亡酒)다

①술을 지나치게 많이 마시면 실수한다는 말.
②모든 일은 정도에 맞게 하여야 한다는 말.

절에 가면 중노릇하고 싶다

주관 없이 남을 따라 하려 함을 이르는 말.

절에 간 색시

남이 하라는 대로만 하는 사람을 일컫는 말.

절하고 뺨 맞는 일 없다

남을 공손하게 대하면 절대 해로운 일이 없다는 말.

점잖은 개가 똥을 먹는다

ㅈ

의젓한 체하면서 못된 짓을 한다는 말.

접시 밥도 담을 탓이다

어려운 상황에서도 굳은 마음을 갖고 정성을 다하면 좋은 결과를 얻을 수 있다는 말.

젓가락으로 김칫국을 집어먹을 놈

터무니없는 짓을 하는 사람을 이르는 말.

젓갈 가게에 중

당치 않은 일에 눈이 뜨는 것을 이름.

정신은 꽁무니에 차고 다닌다

정신이 없어 엉뚱한 일을 하거나 건망증이 심한 사람을 놀리듯이 하는 말.

정신일도하사불성(精神一到何事不成)

정신을 집중하면 이루어지지 않을 일이 없다는 말.

정에서 노염 난다

정이 깊으면 좋아하는 마음이 커져 사소한 일로도 노여움이 생긴다는 뜻으로, 가까운 사이일수록 예의를 지켜야 한다는 말.

제가 기른 개에게 발꿈치 물린다

은혜를 베풀어 주었는데, 오히려 그 사람 때문에 해를 입는 경우를 이름.

ㅈ

제 꾀에 제가 넘어간다

남을 속이려다가 오히려 자기가 속는다는 말.

제 논에 물 대기

자기 이익을 먼저 생각함. =아전인수(我田引水)

➡ Every miller draws water to his own mill.

제 도끼에 제 발등 찍힌다

자기가 한 일이 자기에게 해가 된다는 말.

비 제 오라를 제가 졌다

• 오라 : 죄인을 묶는 굵은 줄. 오랏줄. 포승.

ㅈ

제 똥 구린 줄은 모른다

자기 허물을 뉘우칠 줄 모른다는 말.

제 발등에 오줌 누기

자기가 한 일이 자기를 모욕하는 짓이 되었다는 말.

비 제 얼굴에 똥칠한다

제 버릇 개 줄까

나쁜 버릇은 여간해서 고치기 어렵다는 말.

제비는 작아도 강남을 간다

아무리 작아도 제 할 일을 한다는 말.
비 거미는 작아도 줄만 잘 친다

제사 덕에 이밥[쌀밥]이라

어떤 일을 핑계로 이익을 얻는다는 말.

제 팔자 개 못 준다

운명은 거스를 수 없다는 말.

ㅈ

제 흉 열 가지 가진 놈이 남의 흉 한 가지를 본다

결점이 많은 사람이 제 결점은 생각지 않고 남의 조그만 결점을 들추어냄.

조리에 옻칠한다

쓸데없는 일에 정성을 들이는 경우를 이름.

• 조리 : 쌀을 이는 데 쓰는 기구.
• 옻칠 : 가구나 그릇 등에 윤기를 내려고 옻을 바르는 일.

조막손이 달걀 놓치듯

물건이나 기회를 잡지 못하고 놓치는 모양.

• 조막손이 : 손가락이 없거나 오그라져서 제대로 펼 수 없는 손을 가진 사람.

조밥에도 큰 덩이 작은 덩이가 있다

어느 곳에나 크고 작은 것의 구별이 있다는 말.

조상 신주 모시듯

몹시 받들고 특별히 잘 대우하는 경우를 이름.

• 신주 : 죽은 사람의 이름을 적은 나무패.

종로에서 뺨 맞고 한강에서 눈 흘긴다

①욕을 당한 그 자리에서는 아무 말도 하지 못하다가 뒤에 가서 불평한다는 말.
②노여움을 애매한 다른 데로 옮김.

좋은 일에는 남이요 궂은 일에는 일가다

자기에게 좋은 일이 있을 때에는 모른 척하다가 궂은 일이 있을 때만 일가친척을 찾아다닌다는 말.

죄는 지은 데로 가고 덕은 닦은 데로 간다

죄지으면 벌을 받고 덕 쌓으면 복을 받는다는 말.

주머니에 들어간 송곳이라

선악은 숨기려고 해도 숨겨지지 않고 자연히 드러남을 이름. =낭중지추(囊中之錐)

ㅈ

주머닛돈이 쌈짓돈

그 돈이 그 돈이어서 결국은 마찬가지라는 말.

• 쌈짓돈 : 담배 등을 넣는 작은 주머니에 담긴 돈. 적은 돈.

주먹구구에 박 터진다

일을 대충 하다가는 나중에 큰 봉변을 당한다는 말.

• 주먹구구 : 어림짐작으로 대충 계산함.

비 지레짐작 매꾸러기

주먹은 가깝고 법은 멀다

①나중에야 어떻게 되든 우선 완력으로 해결한다는 말.
②법보다는 폭력이 우세하다는 말.

주사위는 던져졌다

일이 되돌릴 수 없는 지경에 이르렀다는 말.

주인 보탤 나그네 없다

손님은 주인의 신세를 지게 되어 있다는 말.

ㅈ

죽이 끓는지 밥이 끓는지 모른다

일이 어떻게 되어 가는지 도무지 모른다는 말.

죽 쑤어 개 좋은 일 하였다

애써 한 일이 남에게만 이롭게 된 경우를 이름.

죽어 석 잔 술이 살아 한 잔 술만 못하다

죽은 뒤에 아무리 정성을 들여도 살아 있을 때 조금 위해 준 것만 못하다는 말.

죽은 나무에 꽃이 핀다

보잘것없던 집안에 영화로운 일이 생겼다는 말.

죽은 자식 나이 세기

지나간 일을 자꾸 생각해 보아야 아무 소용없다는 말. =망자계치(亡子計齒)

비 죽은 자식 눈 열어 보기

죽은 정승이 산 개만 못하다

죽으면 생전의 부귀영화가 소용없다는 말.

중이 절 보기 싫으면 떠나야지

어떤 곳에 있으면서 그곳이 싫어지면 싫은 그 사람이 떠나야 한다는 말.

중매는 잘하면 술이 석 잔이고 못하면 빰이 세 대라

①혼인은 억지로 권해서 되는 일이 아니라는 말.
②중매는 신중히 서야 한다는 말.

중이 고기 맛을 알면 절에 빈대가 안 남는다

무슨 일에 혹하면 정신을 잃고 덤비게 됨을 이름.

중이 제 머리를 못 깎는다

아무리 중요한 일이라도 스스로 잘 하기는 어려워 남의 도움이 있어야만 이루기 쉽다는 말.

비 의사가 제 병 못 고친다

쥐구멍에도 볕 들 날 있다

고생만 하는 사람도 언젠가는 좋은 때를 만날 날이 있다는 말.

비 개똥밭에 이슬 내릴 때가 있다

비 고랑도 이랑 될 날 있다

➡ Every dog has his day.

ㅈ

쥐 본 고양이 같다

무엇이나 보기만 하면 결딴을 내는 사람을 이름.

ㅈ

쥐뿔도 모른다

아무것도 모르면서 아는 체한다는 말.

쥐 소금 나르듯

조금씩 조금씩 줄어 없어짐을 이름.

쥐 포수(砲手)

작은 것을 얻으려고 애쓰는 사람을 이름.

지네 발에 신 신긴다

발이 많은 지네의 발에 신을 신기려면 힘이 들듯이, 자식을 많이 둔 사람이 애를 쓰게 된다는 말.

지렁이도 밟으면 꿈틀한다

아무리 보잘것없는 사람도 너무 업신여기면 맞서 대든다는 말.

비 굼벵이도 밟으면 꿈틀한다

➡ Even a worm will turn.

ㅈ

지성이면 감천

정성이 지극하면 하늘도 감동한다는 뜻으로, 무슨 일에든 공을 들여서 한다면 어려운 일도 순조롭게 해결할 수 있다는 말.

지어먹은 마음이 사흘을 못 간다

한때의 충격으로 하게 된 결심은 그리 오래가지 못함을 이름.

지척이 천 리라

가까운 곳에 살면서도 오래 만나지 못하여 멀리 떨어져 사는 것과 같다는 말.

• 지척 : 아주 가까운 거리.

지키는 냄비가 더디 끓는다

조급한 마음으로 결과를 기다리고 있으면 시간이 더디 가는 것같이 느껴진다는 말.

➡ A watched pot never boils.

지키는 사람 열이 도둑 하나를 못 당한다

아무리 조심해서 감시한다고 해도 남모르게 벌어지는 일은 막기 어렵다는 말.

진날 개 사귄 이 같다

①비오는 날 진흙이 온몸에 묻은 개가 가까이 오면 옷을 더럽히게 된다는 뜻으로, 더럽고 불쾌한 일을 당한 경우를 이름.
②달갑지 않은 사람이 자꾸 따라다닌다는 말.

ㅈ

진날 나막신 찾듯

평소 돌아보지 않던 것을 아쉬울 때만 찾는다는 말.

집도 절도 없다

집도 재산도 없이 이리저리 떠돌아다닌다는 말

집 떠나면 고생이다

자기 집이 가장 편하고 좋기 마련이라는 말.

집안이 망하려면 맏며느리가 수염이 난다

ㅈ

운수가 나쁘려니까 별별 탈이 다 생긴다는 말.

비 집안이 결딴나면 생쥐가 춤을 춘다.

집안이 망하면 집터 잡은 사람만 탓한다

좋지 않은 일이 생기면 남탓만 한다는 말.

집에서 새는 바가지는 들에 가도 샌다

본성이 좋지 않은 사람은 어디를 가나 그 본색을 감추기 어렵다는 말.

짖는 개는 물지 않는다

너무 요란스럽게 떠들어 대는 사람은 오히려 실속이 없다는 말.

➡ Barking dog seldom bites.
➡ Great barkers are no biters.

짚불 꺼지듯 하다

①아주 조용하게 숨지는 모양.
②권세를 누리다가 갑자기 몰락하는 경우를 이름.

• 짚불 : 짚을 태운 불. 오래 가지 않고 쉬이 사그라짐.

짚신도 제짝이 있다

아무리 보잘것없는 사람이라도 배필은 있다는 말.

비 헌 고리[짚신]도 짝이 있다

➡ Every Jack has his Gill.

짝 잃은 기러기

①몹시 외로운 사람을 이름.
②홀아비나 홀어미의 외로움을 밀함.

비 짝 잃은 원앙

ㅈ

쭈그렁밤송이 삼 년 간다

몹시 약해 보이는 것이 생각보다 오래 견딘다는 말.

• 쭈그렁밤송이 : 알이 제대로 들지 않아 쭈그러진 밤송이.

쭉정이는 불 놓고 알맹이는 거둬들인다

버려야 할 것은 버리고 쓸 것은 들여놓는다는 말.

• 쭉정이 : 껍질만 있고 알맹이가 들어 있지 않은 열매.

찔러도 피 한 방울 안 나겠다

ㅈ

①빈틈이 없고 야무짐.
②인정이 없다는 말.

비 이마를 뚫어도 진물도 아니 난다

핵심정리
속담 뱅크
ㅈ

차면 넘친다[기운다]

①정도에 지나치면 오히려 일을 망친다는 말.
②무슨 일이든 번성하면 다시 쇠퇴하기 마련이라는 말.

착한 며느리도 악처만 못하다

악처라도 남보다는 낫다는 말.

찬물도 위아래가 있다

무슨 일에나 순서가 있다는 뜻으로, 그 순서를 따라야 한다는 말.

비 초라니탈에도 차례가 있다

ㅊ

찬물에 기름 돌듯

사람들과 화합하여 어울리지 않고 따로 도는 사람을 뜻함.

찰찰이 불찰이다

지나치게 살피느라고 오히려 큰 곳에 주의하지 못해 실수한다는 말.

참깨가 기니 짧으니 한다

비슷비슷한 것들인데도 굳이 따지고 비교하려 한다는 말.

비 참새가 기니 짧으니 한다　　비 도토리 키 재기

참깨 들깨 노는데 아주까리 못 놀까

남들이 하는 일을 나라고 못하겠느냐는 말.

참빗으로 훑듯

샅샅이 뒤진다는 말.

• 참빗 : 빗살이 가늘고 촘촘한 빗.

참새가 방앗간을 그저 지나랴

①자기가 좋아하는 곳은 그냥 지나치지 못한다는 말.
②욕심이 많은 사람은 자기에게 이익이 될 만한 것을 보고 가만히 있지 못한다는 말.

참새가 작아도 알만 잘 깐다

몸은 작아도 제 할 일은 감당한다는 말.

참새가 죽어도 짹 한다

아무리 약한 사람이라도 너무 괴롭히면 대항하기 마련이라는 말.

참을 인(忍) 자 셋이면 살인도 피한다

어떤 일이라도 끝까지 참으면 이루지 못할 것이 없다는 말.

➡ Patience is a virtue.

창공에 뜬 백구

맑고 푸른 하늘에 떠 있는 갈매기라는 뜻으로, 손에 잡히지 않아 실속 없고 소용없음을 이름.

ㅊ

처녀가 아이를 낳아도 할 말이 있다

아무리 큰 잘못을 저질렀다 하더라도 그것을 변명하고 이유를 댈 수 있다는 말.

처삼촌 뫼에 벌초하듯

어떤 일을 하는 데 정성을 들이지 않고 건성건성한

다는 말.

비 작은아비 제삿날 지내듯

• 처삼촌 : 아내의 삼촌.
• 벌초 : 무덤의 잡풀을 베어 깨끗이 하는 일.

천 길 물속은 알아도 한 길 사람의 속은 모른다

사람의 마음은 들여다볼 수 없기 때문에 무척 알기 어렵다는 말.

비 사람 속은 천 길 물속이라

천둥인지 지둥인지 모르겠다

뭐가 뭔지 도무지 알 수 없다는 말.

• 지둥 : 지진.

ㅊ

천 리 길도 한 걸음부터

무슨 일이나 시작이 중요함을 이르는 말.

➡ He who would climb the ladder, must begin at the bottom.

➡ Step after step the ladder is ascended.

천생연분에 보리개떡

보리개떡을 먹을망정 의좋게 살아가는 부부.

• 보리개떡 : 보릿겨를 반죽하여 둥글넓적하게 찐 떡.

천 인이 찢으면 천금이 녹고 만 인이 찢으면 만금이 녹는다

①사용하는 사람이 많으면 아무리 많은 밑천도 바닥이 남.
②여러 사람이 힘을 모으면 어떤 일이라도 해낼 수 있다는 말.

철나자 망령 난다

ㅊ

어떤 일이든지 때를 놓치지 말고 제때에 힘써 하라는 말.

첫모 방정에 새 까먹는다

윷놀이에서 맨 처음에 모를 치면 그 판은 좋지 않다는 뜻으로, 일이 처음부터 너무 잘되면 뒤가 좋지 않다는 말.

• 방정 : 경망스럽게 하는 말이나 행동.

첫술에 배부르랴

밥 한술 먹고 배부를 리 없다는 뜻으로, 무슨 일이든지 단번에 만족할 수는 없다는 말.

비 한술 밥에 배부르랴

첫아기에 단산

처음이자 마지막으로 경험하게 된 일.

• 단산(斷産) : 아이를 그만 낳거나 못 낳게 됨.

청기와 장수

저만 알고 남에게는 가르쳐 주지 않아 어떤 일을 혼자 차지하려는 사람. 고려 때 청기와 장수가 청기와를 굽는 방법을 다른 사람에게 가르쳐 주지 않았다는 데서 유래.

청백리 똥구멍은 송곳 부리 같다

욕심이 없고 곧은 성품 때문에 재물을 모으지 못하여 몹시 가난하다는 말.

ㅊ

• 청백리란?

'청백리' 라고 하면 흔히 부정부패에 물들지 않은 깨끗한 관리를 떠올리기 마련인데, 거기에 더하여 자기가 맡은 직무를 잘 수행하고, 자기 가족들까지도 모두 청렴결백하게 거느릴 수 있는 관리를 말한다.

고려 시대에는 백성들에게 올바른 정치를 베풀고, 백성들을 인자한 마음으로 대하고 바르게 가르치며, 왕의 뜻을 잘 받들어 도리에 어긋남이 없이 직무를 수행하는 관리 중에서 마음이 넓고 어진 사람만을 청백리로 선정했다. 〈고려사〉에는 유석, 왕해, 김육석, 최석, 정운, 윤해, 최영 등이 청백리로 기록되어 있다.

조선 시대에는 중요한 관직에 있는 신하들과 사헌부와 사간원 등에서 추천하여 선정했다. 일반 백성을 직접 다스리는 지방관을 지낸 적이 있으며, 인자하고 청렴결백하며 공무를 능률적으로 수행하고 국가에 특별히 공헌한 것이 있는 관리라야 청백리가 될 수 있었다.

그 호칭도 한때는 살아 있는 사람은 염근리(廉勤吏), 죽은 사람은 청백리라고 엄격히 구분했는데, 보통 염근리와 청백리를 구분하지 않고 두루 청백리라고 불렀다.

조선의 대표적인 청백리에는 맹사성, 황희, 유성룡, 이원익, 이항복, 성현 등이 있다.

ㅊ

청천에 구름 모이듯

푸른 하늘에 구름이 모이듯, 여러 곳에서 한곳으로 모여드는 모양.

비 용문산에 안개 모이듯

비 장마철에 비구름 모여들듯

체면 차리다 굶어 죽는다

체면 때문에 해야 할 일도 못하고 먹을 것도 못 먹어 손해를 본다는 말.

초가삼간 다 타도 빈대 죽는 것만 시원하다

큰 손해를 입더라도 마음에 들지 않던 것이 없어져 기분이 좋다는 말.

초년고생은 은 주고 산다

젊은 날의 고생은 중요한 경험이 되므로, 고생을 달게 여기라는 말.

비 초년고생은 사서라도 한다

ㅊ

초록은 동색

풀색과 녹색은 같은 색이라는 뜻으로, 서로 같은 처지의 사람들끼리 어울리는 경우를 말함.

비 유유상종(類類相從) 비 그 속옷이 그 속옷이다

초상집 개 같다

먹을 것이 없어 굶주리며 이리저리 헤매어 다니는 초라한 사람. =상가지구(喪家之狗)

ㅊ

촌닭 관청에 잡아다 놓은 것 같다

경험이 없는 일을 당하여 어리둥절하다는 말.

춘풍으로 남을 대하고 추풍으로 나를 대하라

남에겐 부드럽게 대하고, 자신에겐 엄격하라는 말.

취담 중에 진담이 있다

술에 취해 횡설수설하는 말 속에 솔직하고 진실한 말이 있음을 뜻함.

In wine, there is truth.

치마가 열두 폭인가

남의 일에 공연히 간섭하고 수다를 떠는 사람에게 핀잔 주는 말.

친구 따라 강남 간다

우유부단하고 줏대가 없는 사람을 이르는 말.

칠팔월 수숫잎

줏대가 없이 생각을 잘 바꾸는 사람을 이름.

칠팔월 은어 곯듯

음력 칠팔월이 되면 알을 낳은 은어의 배가 홀쭉해 진다는 뜻으로, 갑자기 수입이 줄어서 살아가기 어렵다는 말.

• 은어 : 몸길이 20~30㎝의 가늘고 긴 바다빙엇과 물고기.
치어 때 바다에 나갔다가 자라면 강으로 돌아와 여울에서 살며 모래나 자갈 밑에 알을 낳음.

침 먹은 지네

할 말이 있으면서 못하고 있거나 기운을 못 쓰고 있는 사람을 이름.

• 지네가 침을 먹으면 힘이 없어진다고?

사람의 입에서는 하루에 1~2리터의 침이 나온다. 침은 하는 일이 매우 많다. 우선 입안을 매끄럽게 하여 말을 할 수 있도록 도와주며, 음식물을 반고체나 액체 상태로 만들어 맛을 느끼게 하고 삼키기 쉽게 해 준다. 또한 음식 찌꺼기, 죽은 세포, 세균 등을 제거하여 치아의 붕괴를 막고, 세균의 감염을 막아 준다. 침 속에는 살균 작용을 하는 라이소자임이라는 물질이 들어 있기 때문이다. 그러므로 벌레에 물리거나 날카로운 데 물렸을 때 상처 부위에 침을 바르면 어느 정도 살균 효과를 낸다.
독성이 강한 것으로 알려진 지네나 뱀도 침이 묻으면 맥을 못 춘다고 한다. 침이 소독 작용을 하기 때문이다.
위의 속담은 옛날 사람들의 지혜를 엿볼 수 있는 매우 과학적인 속담이다.

핵심정리
속담 뱅크
ㅋ

칼도 날이 서야 쓴다

제 기능을 할 수 있는 조건이 갖춰져야 그 존재 가치가 있다는 말.

칼로 물 베기

다투었다가도 시간이 지나면 곧 사이가 좋아짐.

칼 짚고 뜀뛰기

몹시 위태로운 일을 주저함이 없이 행동에 옮김을 일컫는 말.

커도 한 그릇 작아도 한 그릇

①양에 관계없이 명목상으로는 같다는 말.
②분배하는 양이 같다는 말.

ㅋ

코 떼어 주머니에 넣다

일을 저질러 크게 무안을 당함을 이름.

• 코 떼다 : 무안하리만큼 핀잔을 맞다.

코 묻은 떡[돈]이라도 뺏어 먹겠다

하는 행동이 너무 치사하다는 말.

코 아래 진상이 제일이라

남에게 잘 보이기 위해서는 먹이는 것이 무엇보다도 제일이라는 말.

• 진상 : (지방의 토산물을) 임금이나 높은 관리에게 바침.

콧구멍 둘 마련하기가 다행이라

다행히 콧구멍 한쪽이 막혀도 다른 한쪽이 있어 숨을 쉴 수 있다는 뜻으로, 너무 심한 일을 당하여 기가 막히다는 말.

비 콧구멍이 둘이니 숨을 쉬지

ㅋ

콧구멍에 낀 대추씨

매우 작고 보잘것없는 물건을 이름.

콧구멍이 둘이니 숨을 쉬지

너무 기가 막히고 답답하다는 말.

콧병 든 병아리 같다

꾸벅꾸벅 조는 사람을 이름.

콩 났네 팥 났네 한다

대수롭지 않은 것을 가지고 서로 옳고 그름을 다투는 경우를 이름.

콩도 닷 말 팥도 닷 말

①어떤 것을 치우침 없이 공평하게 나누어 준다는 말.
②서로 마찬가지라는 말.

콩 반 알도 남의 몫 지어 있다

①아무리 작은 물건이라도 다 주인이 있다는 말.
②하찮은 물건이라도 남의 것은 탐내지 말라는 말.

ㅋ

콩밭에 가서 두부 찾는다

몹시 성급한 행동을 이름.

비 우물에 가서 숭늉 찾겠다

비 콩밭에 간수 치겠다

콩 볶아 먹다가 가마솥 깨뜨린다

작은 일을 야무지지 못하게 하다가 큰일을 저지른다는 말.

콩 심은 데 콩 나고 팥 심은 데 팥 난다

원인이 있고, 그에 알맞은 결과가 생긴다는 말.

비 가시나무에 가시가 난다

비 배나무에 배 열리지 감 안 열린다

➡ You cannot make a silk purse out of a sow's ear.

콩으로 메주를 쑨다 하여도 곧이듣지 않는다

평소에 거짓말을 많이 하여 사실을 말하여도 믿지 않는다는 말.

비 콩으로 두부 만든대도 곧이 안 듣는다

ㅋ

크고 단 참외

겉과 속이 모두 좋음을 뜻함.

큰 방죽도 개미 구멍으로 무너진다

작은 잘못이라도 곧 손을 쓰지 않으면 큰 화를 입는다는 말.

키는 작아도 담은 크다

키는 작지만 용감한 사람을 일컬음.

키 크고 싱겁지 않은 사람 없다

키가 큰 사람의 행동이 야무지지 못하고 싱거울 때 쓰는 말.

ㅋ

핵심정리

속담 뱅크

ㅌ

타고난 재주 사람마다 하나씩은 있다

사람은 누구나 타고난 재주 하나씩은 가지고 있어 그것으로 먹고 살아간다는 말.

타고난 팔자

사람이 태어날 때부터 지니고 있는 좋거나 나쁜 운수를 이름.

태를 길렀다

아이를 사르고 태만 길렀다는 뜻으로 둔하고 어리석은 사람을 뜻함.

• 태 : 탯줄이나 태반과 같이 태아를 싸고 있는 조직.

터를 닦아야 집을 짓는다

무슨 일이든 기초 작업을 먼저 해야 나중 일을 할 수 있다는 말.

ㅌ

턱 떨어진 광대

의지할 데 없이 꼼짝 못하게 된 사람을 이름.

비 광대 끈 떨어졌다 비 끈 떨어진 뒤웅박

털도 안 뜯고 먹겠다 한다

①너무 성급하다는 말.
②남의 것을 통째로 먹으려 한다는 뜻.

털 벗은 솔개

앙상하여 모양이 괴상하고 볼품이 없다는 말.

비 털 뜯은 꿩

토끼 둘을 잡으려다가 하나도 못 잡는다

욕심을 부려 한꺼번에 여러 가지 일을 하려고 하다가 한 가지도 이루지 못한다는 말.

➡ Grasp all, lose all.

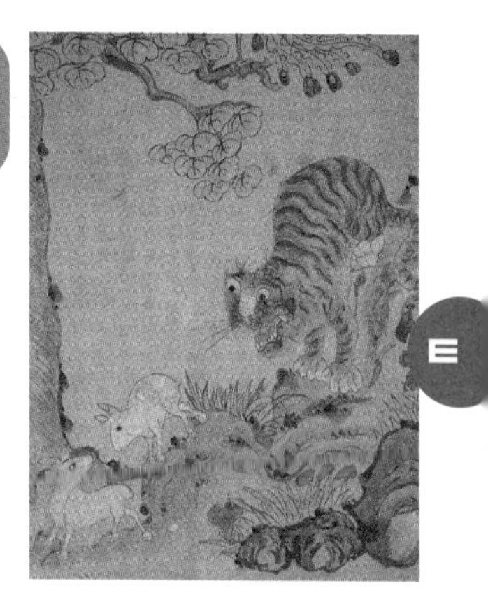

ㅌ

티끌 모아 태산

작은 것도 꾸준히 모으면 태산처럼 커진다는 말.
=적진성산(積塵成山)

• 태산 : 높고 큰 산.

비 실도랑 모여 대동강이 된다

➡ Drop by drop the tub is filled.
➡ Every little bit helps.
➡ Little and often fills the purse.

E

핵심정리
속담 뱅크
ㅍ

팔 고쳐 주니 다리 부러졌다 한다

①계속 무리한 요구를 하는 경우에 쓰임.
②사고가 연속적으로 일어나는 사람을 이르는 말.

팔이 들이굽지 내굽나

팔은 안으로 굽지 밖으로 굽지 않는다는 뜻으로, 사람은 자기와 가까운 사람에게 정이 더 쏠리기 마련이라는 말.

팔자는 독에 들어가서도 못 피한다

운명이란 피하려고 해도 피할 수 없다는 말.

비 팔자 도망은 못한다

팔자가 사나우니까 의붓아들이 삼 년 맏이라

일이 뜻대로 되지 않음을 탄식하여 이르는 말.

ㅍ

팥으로 메주를 쑨대도 곧이듣는다

남의 말을 무조건 믿는 사람을 놀리는 말.

팥이 풀어져도 솥 안에 있다

손해를 본 듯하나 실은 손해를 본 것이 없다는 말.

편보다 떡이 낫다

같은 종류의 것인데도 어느 한쪽이 다른 한쪽보다 더 낫게 여겨진다는 말.

편지에 문안

편지에는 웃어른께 안부를 여쭙는 말이 따르기 마련. 항상 따라 붙는 일을 이름.

평반에 물 담은 듯

차분하고 고요한 상태를 이름.

평생소원이 누룽지

소원이 너무 하찮은 것일 때 하는 말.

평안 감사도 저 싫으면 그만이다

아무리 좋은 일도 본인이 내키지 않으면 억지로 시

ㅍ

킬 수 없다는 말.

비 돈피에 잣죽도 저 싫으면 그만이다

포도청의 문고리 빼겠다

겁이 없고 대담한 사람의 행동을 이름.

• 포도청 : 조선 시대에 죄인을 잡기 위해 설치한 관청.

푸줏간에 들어가는 소 걸음

벌벌 떨며 무서워하는 모습을 이름.

비 죽으러 가는 양의 걸음

• 푸줏간 : 예전에 쇠고기, 돼지고기 등을 팔던 가게.

풀 끝에 앉은 새 몸이라

휘청거리는 풀 끝에 앉은 새처럼 안정된 처지가 아님을 이르는 말.

풀 끝의 이슬

사람의 생애는 풀 끝에 맺힌 이슬처럼 덧없고 허무하다는 말.

풀 먹은 개 나무라듯

몹시 혹독하게 나무라거나 탓한다는 말.

풋고추 절이 김치

절이 김치에 풋고추를 넣는 것이 당연하듯, 서로 매우 친해 어울려 다니는 사람을 조롱하는 말.

풍년에 못 지낸 제사 흉년에 지내랴

조건이 좋을 때도 하지 않던 일을 불리한 상황에서 할 필요는 없다는 말.

피는 물보다 진하다

혈육의 정이 깊다는 말.

Blood is thicker than water.

피죽도 못 먹었나

굶은 사람처럼 맥이 없고 비슬거리는 사람을 빈정거리는 말.

• 피죽 : 피(볏과의 한해살이풀)로 쑨 죽.

ㅍ

피천 한 닢 없다

수중에 돈이 한 푼도 없다는 말.

비 물에 빠져도 주머니밖에 뜰 것이 없다

• 피천 : 매우 적은 돈.

핑계 없는 무덤이 없다

어떤 잘못을 저질렀다 해도 그것을 변명하고 핑계를 댈 수 있다는 말.

➡ The wrong doer never lacks a pretext.

핵심정리
속담 뱅크
ㅎ

하나를 보고 열을 안다

일부를 보고 전체를 미루어 안다는 말.

➡ A straw shows which way the wind blows.

하나만 알고 둘은 모른다

사물을 볼 때 한 측면만 보고 두루 보지 못한다는 뜻으로, 융통성이 없고 미련하다는 말.

비 감출 줄은 모르고 훔칠 줄만 안다

하늘 보고 침 뱉기

자기에게 해가 돌아올 짓을 한다는 말.

하늘은 스스로 돕는 자를 돕는다

하늘은 자기가 애써 노력하는 사람을 성공하게 만든다는 뜻으로, 노력의 중요성을 뜻함.

➡ God helps those who help themselves.

하늘을 보아야 별을 따지

①어떤 일을 이루려면 그에 대한 준비와 노력이 있

ㅎ

어야 한다는 말.
②어떤 일이 이루어질 수 있는 기회나 조건이 전혀 없음을 이름.

하늘의 별 따기

무엇을 이루기가 무척 어렵다는 말.

하늘이 만든 화는 피할 수 있으나 제가 만든 화는 피할 수 없다

자신의 잘못으로 인한 대가는 피할 수 없다는 말.

하늘이 무너져도 솟아날 구멍이 있다

아무리 힘든 상황이라도 그 상황에서 벗어날 방법이 생긴다는 말. 비 사람이 죽으란 법은 없다

하룻강아지 범 무서운 줄 모른다

태어난 지 얼마 안 된 어린 강아지가 호랑이 무서운 줄 모른다는 뜻으로, 철없이 함부로 덤빈다는 말.
➡ Fools rush in where angels fear to tread.

하룻밤을 자도 만리성을 쌓는다

짧은 시간 동안에도 깊은 정을 나눌 수 있다는 말.

한 가랑이에 두 다리 넣는다

몹시 서두르는 모양.

한강에 돌 던지기

어떤 사물이 보잘것없이 매우 작아 일을 하는 데에 보람이 없다는 말. =한강투석(漢江投石)

한 말에 두 안장이 없다

한 남편에게는 한 명의 부인만 있을 수 있다는 말.

비 한 밥그릇에 두 술이 없다

• 안장 : 말 등에 얹어 사람이 타기 좋게 만든 도구.

한번 엎지른 물은 다시 주워 담지 못한다

한번 저지른 일은 예전처럼 돌이키기 어렵다는 말.

➡ What is done cannot be undone.

한번 쥐면 펼 줄 모른다

무엇이든 손에 들어오면 다시는 놓지 않는다는 뜻.

한솥밥 먹고 송사한다

가까운 사이의 다툼을 이름.

• 송사 : 백성끼리의 분쟁을 관부에 호소해 판결을 받던 일.

한식에 죽으나 청명에 죽으나

오늘 죽으나 내일 죽으나 마찬가지라는 뜻.

• 한식 : 우리나라 명절의 하나로 4월 5일이나 6일경.
• 청명 : 24절기의 하나로 4월 5일경.

한 어미 자식도 아롱이다롱이

한 어머니에게서 태어난 자식도 각각 다르듯이, 세상일은 무엇이나 똑같은 것이 없다는 말.

한 입 건너고 두 입 건넌다

소문이 점점 퍼진다는 말.

ㅎ

한집에 있어도 시어미 성을 모른다

시어머니와 함께 사는 며느리가 시어머니의 성을 모른다는 말이니, 친한 사이에서 당연히 알고 있어야 하는 일인데도 의외로 모르는 수가 있음을 이름.

비 머슴살이 삼 년에 주인 성 묻는다

한 푼 돈을 우습게 여기면 한 푼 돈에 울게 된다

적은 돈이라도 하찮게 여겨서는 안 된다는 말.

할 일이 없거든 오금이나 긁어라

오금을 긁는 것은 보기 싫은 짓이지만 가만히 있는 것보다는 낫다는 뜻으로, 마냥 노는 것보다는 되든 안 되든 어떤 일을 하는 편이 낫다는 말.

비 노는 입에 염불하기

• 오금 : 무릎의 구부러지는 안쪽의 오목한 부분.

함정에 든 범

큰 어려움에 처하여 마지막 운명만 기다리는 처지.

• 함정 : 짐승이나 적군을 잡으려고 파 놓은 구덩이.

향랑각시 속거천리(速去千里)

음력 2월 1일, 백지에 먹으로 써서 기둥, 벽, 서까래 등에 붙이는 말. 거꾸로 붙이면 집 안에 노래기가 없어진다고 함.

• 향랑각시 : 고약한 냄새를 풍기는 노래기를 이름.

향불 없는 젯밥

먹을 것을 갖다 두고 오랫동안 먹지 않고 있을 경우를 이름.

ㅎ

허울 좋은 과부

겉으로 보기에만 좋을 뿐 실속이 없다는 말.

비 허울 좋은 하눌타리[수박]

헌머리에 이 모이듯

이익이 있는 곳에는 많은 사람들이 떼 지어 모임.

• 헌머리 : 상처가 생겨 살갗이 헐은 머리.

혀 아래 도끼 들었다

말조심해야 한다는 말.

➡ Least said, soonest mended.

형만 한 아우 없다

경험을 많이 쌓은 형이 동생보다 더 낫다는 말.

호랑이 개 어르듯

해칠 생각만 하고 있으면서 그럴듯한 말로 슬슬 달래서 꾀어낸다는 말.

호랑이 굴에 가야 호랑이 새끼를 잡는다

어떠한 일을 이루려면 그에 마땅한 일을 해야 한다는 말.

Nothing venture, nothing have.

호랑이는 제 새끼를 벼랑에서 떨어뜨려 본다

자식을 훌륭한 인물로 키우려면 어려서부터 엄하게 교육해야 한다는 말.

호랑이 담배 먹을[피울] 적

지금과는 형편이 다른 까마득한 옛날을 이름.

비 범이 담배를 피우고 곰이 막걸리를 거르던 때

ㅎ

호랑이도 제 말 하면 온다

①어떤 사람에 대해 이야기하고 있는데 공교롭게 그 사람이 나타난다는 말.
②그 자리에 없다고 다른 사람을 흉보아서는 안 된다는 말.

➡ Speak of the devil and he will appear.

호랑이를 그리려다가 강아지[고양이]를 그린다

큰일을 이루려고 했으나 생각과는 다르게 엉뚱한 결과가 나왔음을 이르는 말.

비 호랑이를 잡으려다가 토끼를 잡는다

호랑이[범] 없는 골에 토끼가 왕 노릇 한다

잘난 사람이 없는 곳에서는 보잘것없는 사람이 큰소리 친다는 말.

• 골 : 골짜기의 준말.

ㅎ

호랑이[범]에게 물려 가도 정신만 차리면 산다

위급한 상황에서도 침착하게 대처하면 위기를 벗어날 수가 있다는 말.

호미로 막을 것을 가래로 막는다

적은 힘으로도 될 일을 기회를 놓쳐 큰 힘을 들여 해야 한다는 말.

• 가래 : 흙을 파헤치거나 떠서 던지는 기구.

호박꽃도 꽃이냐

예쁘지 않은 여자를 놀리며 하는 말.

호박 덩굴이 뻗을 적 같아서야

한창 기세가 오를 때라도 너무 자만을 부려서는 안 된다는 말.

호박씨 까서 한입에 털어 넣는다

애써 조금씩 모아 놓고 한 번에 몽땅 없앰을 이름.

호박에 말뚝 박기

심술궂고 못된 짓을 함.

호박이 넝쿨째로 굴러떨어졌다

뜻밖의 행운을 얻었다는 말.

비 아닌 밤중에 찰시루떡

호박잎에 청개구리 뛰어오르듯

어린 사람이 나이 많은 사람에게 버릇없게 구는 경우를 이름.

혹 떼러 갔다 혹 붙여 온다

이익을 얻으려다 오히려 손해를 입게 된 경우를 이름. 혹부리 영감이 도깨비를 속여 혹을 떼었다는 소문을 들은 다른 혹부리 영감이 오히려 혹을 하나 더 붙여 왔다는 이야기에서 유래.

➡ Many go out for wool and come home shorn.
➡ The biter is bit.

혼사 말 하는데 장사 말 한다

화제와는 상관이 없는 엉뚱한 이야기를 한다는 말.

• 혼사 : 결혼에 관한 일.

홀아비 굿 날 물려 가듯

무엇을 할 예정이었으나 자꾸 뒤로 미루는 경우.

비 홀아비 법사 끌듯

홀아비는 이가 서 말이고 홀어미는 은이 서 말이라

여자는 혼자서도 잘 살 수 있으나 남자는 돌보아 줄 사람이 없으면 궁색해진다는 말.

홍시 먹다가 이 빠진다

①그렇게 될 리가 없음에도 일이 잘 안되는 경우.
②쉽게 생각했으나 의외로 어려운 일이라는 말.
③마음을 놓으면 생각지 못한 실수가 생길 수 있으니 유의하라는 말.

비 두부 먹다 이 빠진다

화가 복이 된다

처음에 안 좋은 일로 여겼던 것이 뒤에 좋은 결과를 가져올 수도 있다는 말. =전화위복(轉禍爲福)

화롯가에 엿을 붙이고 왔나

손님이 왔다가 집에 빨리 돌아가려고 서두를 때 놀리듯이 하는 말.

화재 난 데 도둑질

남이 불행한 일을 당했을 때, 그것을 도와주지는 못할망정 자신의 이익을 채우려 하는 경우를 이름.

홧김에 서방질한다[화냥질한다]

화를 참지 못해 차마 못할 짓을 저지른다는 말.

• 화냥질 : 자기 남편이 아닌 사람과 정을 통하는 일.

황소 뒷걸음치다가 쥐 잡는다

우연히 어떤 일을 이루거나 알아맞혔을 때 쓰는 말.

효성이 지극하면 돌 위에 풀이 난다

마음만 있으면 어떤 상황에서도 자식 된 도리를 다 할 수 있다는 말.

훈장 똥은 개도 안 먹는다

선생 노릇이 무척 힘들다는 말.

흉 각각 정 각각

결점이 있을 때에는 흉을 보고 좋은 점은 칭찬한다는 뜻으로, 정 때문에 사람의 잘잘못을 분간 못해서는 안 된다는 말.

흉년의 떡도 많이 나면 싸다

아무리 귀한 물건이라도 많이 나면 천하게 여겨진다는 말.

흐르는 물은 썩지 않는다

계속 흘러가는 물은 썩지 않는다는 뜻으로, 사람은 언제나 갈고 닦아야 한다는 말.

➡ Running water is better than standing.
➡ Standing pools gather filth.

흙내가 고소하다

죽을 날이 얼마 남지 않았다는 말.

흥정은 붙이고 싸움은 말리랬다

좋은 일은 도와주고 궂은일은 말려야 한다는 말.

희기가 까치 배 바닥 같다

터무니없이 자랑으로 떠벌리거나 희떠운 소리를 하는 사람을 이르는 말.

희고 곰팡 슨 소리

희떱고 고리타분한 말.

힘 많은 소가 왕 노릇하나

힘뿐만 아니라 지혜와 슬기도 필요하다는 말.

* 건강을 이기는 미(美)는 없다. -일본

* 게으른 사람의 머리는 악마의 일터. -영국

* 결혼 전에는 공작, 약혼하면 사자, 결혼하면 당나귀.
 -스페인

* 기다림만으로 사는 사람은 굶어서 죽는다. -이탈리아

* 나이 들어 따뜻하게 지내고 싶으면 젊은 시절에 난로를 만들어 놓아야 한다. -독일

* 너무 고르는 자가 가장 나쁜 것을 갖는다. -영국

* 빨리 하려고 하면 일이 되지 않는다. -중국

* 법률은 거미줄이다. 하늘소는 찢고, 파리는 잡혀 버린다.
 -체코

* 병은 말을 타고 들어와서 거북이를 타고 나간다.
 -네덜란드

* 병을 숨기는 자에게는 약이 없다. -에티오피아

* 사람은 의복에 알맞게 환영받고, 지능에 알맞게 해고된다.
 -러시아

* 사랑이 없는 청년, 지혜가 없는 노년은 이미 실패한 일생이다. -스웨덴

* 사랑하는 사람의 눈에는 장미꽃의 가시도 안 보인다.
 -독일

*어리석은 자는 자기 비용으로 배우고 현명한 자는 어리석은 자의 비용으로 배운다. -브라질

*어머니의 한 마디가 목사의 열 마디보다 더 가치 있다. -스페인

*지금 갖고 있는 것은, 갖게 될지 모르는 것보다 낫다. -독일

*지킬 수 없는 약속보다는 당장의 거절이 낫다. -덴마크

*천 명의 친구들, 그것은 적다. 단 한 명의 원수, 그것은 많다. -터키

*청춘과 잃어버린 시간은 영원히 되돌아오지 않는다. -독일

*최초의 큰 웃음보다 최후의 미소가 낫다. -영국

*필요하지 않을 때 우정을 맺어라. -미국

*학교 교육을 못 받은 자는 훈련받지 못한 사냥개와 같다. -모로코

*한가한 인간은 고인 물처럼 끝내 썩어 버린다. -프랑스

*한 드럼의 조심성은 한 파운드의 지혜와 맞먹는다. -독일

*행동은 재빠르게, 생각은 천천히… -그리스

*행복은 지배해야 하고, 불행은 극복해야 한다. -독일

2022년 11월 5일 개정판 1쇄 인쇄
2022년 11월 15일 개정판 1쇄 발행
엮은이 · 이야기공방
펴낸이 · 이정형 | **펴낸곳** · 도서출판 학은미디어
주 소 · 서울 양천구 남부순환로 340, 4층 A
전 화 · 02)2632-0135~6 | **팩 스** · 02)2632-0151
등록번호 · 333-34-00865

편집책임 · 육은숙 | **편집** · 박수진
디자인 · YP-design

ISBN 978-89-8140-688-2 00710